THE ROTTEN ROMANS
BY TERRY DEARY

Text Copyright © Terry Deary, 1994
Translation Copyright © Gimm-Young Publishers, Inc., 2000
All rights reserved.

This Korean language edition is published by arrangement with
Scholastic Ltd., London through Eric Yang Agency, Seoul.

모든 길은 로마로

테리 디어리 글 | 마틴 브라운 그림 | 남경태 옮김

주니어김영사

모든 길은 로마로

1판 1쇄 인쇄 | 2000. 5. 31.
개정 1판 1쇄 발행 | 2019. 12. 5.

테리 디어리 글 | 마틴 브라운 그림 | 남경태 옮김

발행처 김영사 | 발행인 고세규
등록번호 제 406-2003-036호 | 등록일자 1979. 5. 17.
주소 경기도 파주시 문발로 197(우10881)
전화 마케팅부 031-955-3100 | 편집부 031-955-3113~20 | 팩스 031-955-3111

값은 표지에 있습니다.
ISBN 978-89-349-9886-0 74080
ISBN 978-89-349-9797-9 (세트)

좋은 독자가 좋은 책을 만듭니다. 김영사는 독자 여러분의 의견에 항상 귀 기울이고 있습니다.
독자의견전화 031-955-3139 | 전자우편 book@gimmyoung.com
홈페이지 www.gimmyoungjr.com | 어린이들의 책놀이터 cafe.naver.com/gimmyoungjr

이 책의 한국어판 저작권은 EYA(Eric Yang Agency)를 통한 Scholastic Limited사와의 독점
계약으로 ㈜김영사에 있습니다.
저작권법에 의해 한국 내에서 보호를 받는 저작물이므로 무단전재와 무단복제를 금합니다.

이 도서의 국립중앙도서관 출판시도서목록(CIP)은 서지정보유통지원시스템
홈페이지(http://seoji.nl.go.kr)와 국가자료공동목록시스템(http://www.nl.go.kr/kolisnet)에서
이용하실 수 있습니다. (CIP제어번호 : CIP2019031974)

어린이제품 안전특별법에 의한 표시사항
제품명 도서 제조년월일 2019년 12월 5일 제조사명 김영사 주소 10881 경기도 파주시 문발로 197
전화번호 031-955-3100 제조국명 대한민국 ⚠주의 책 모서리에 찍히거나 책장에 베이지 않게 조심하세요.

차례

책머리에	7
로마 연대표	9
갓난아기 로마	14
자라나는 로마	20
지중해를 내 품 안에	28
로마의 군대	41
제국이 되기까지	51
카이사르 vs 베르킨게토릭스	60
주사위는 던져졌다!	68
폭군 열전	80
로마의 평화	94
병들어 가는 로마	103
제국을 살린 의사들	107
로마 제국의 최후	120
로마의 어린이들	124
로마의 놀이	136
로마의 음식	143
로마의 종교	152
로마에 관한 그밖의 상식	155
로마로 통하는 모든 길	158

로마제국

(지도 이미지)

책머리에

역사는 배우기가 아주 어렵다. 역사는 지금 이 순간에도 끊임없이 '변화'하기 때문이다. 수학에서 2 더하기 2는 '거의 대부분' 4이며, 과학에서 물은 '언제나' 수소와 산소로 이루어져 있지만 역사에서는 그렇게 단순하지 않다. 역사에서 '사실'은 이따금 전혀 사실이 아닌 경우도 있다. 알고 보면 그저 누군가의 '견해'일 때도 아주 많다. 물론 견해는 사람에 따라 달라질 수 있지만.

보다시피 이 답은 옳기도 하고 옳지 않기도 하다.

이렇게 정직한 대답을 한다고 해서 우등생이 되지 못한다는 것은 아마 여러분이 더 잘 알걸!

끔찍한 역사보다 더 나쁜 게 있다. 뭘까? 선생님의 썰렁한 농담이다. 그런 농담은 남극의 빙산 바로 아래보다 더 춥다.

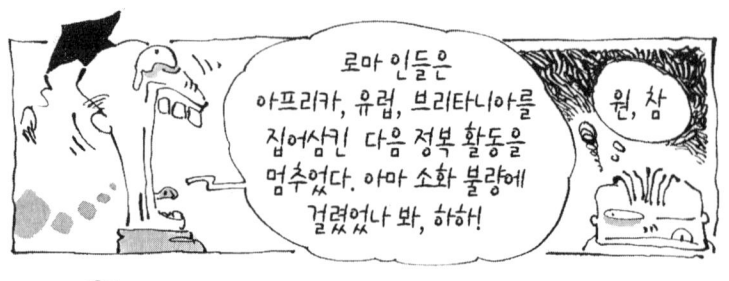

이래서 역사는 끔찍한 것이 될 수 있는 거다. 하지만 과거에 관한 진실을 알고 나면 여러분은 갑자기 역사가 끔찍하게 재미있다는 점을 알게 될 것이다.

뭐가 그리 끔찍하게 재미있냐고? 예를 들어 어처구니없는 살인 사건 같은 것은 끔찍하면서도 재미있잖아? 역사에는 그런 게 많다. 율리우스 카이사르의 암살이 그런 대표적인 예다. 역사의 현장은 온통 피투성이다.

또한 역사에는 온갖 스릴러, 공포 소설, 코미디 영화 같은 이야기들이 수두룩하다. 이 책에서 여러분은 그런 역사를 보게 될 거다. 운이 좋다면 여러분의 선생님을 꼼짝도 못 하게 만들 수도 있을 테고!

로마 연대표

기원전

753 로마의 '전설'에 따르면, 로마는 로물루스가 세웠다고 한다. 하지만 사실은 다르다. 초기 로마 인들은 라티움이라는 지역에 살던 농부들이었다.

509 로마 인들은 잔인한 타르퀴니우스 왕에게 질려 버렸다. 그래서 그들은 그를 축출하고 자치를 실시하기로 했다(이것을 공화정이라 부른다).

494 로마 시민들이 귀족들에 반대하여 모두 시에서 나가 성스러운 동산에 모였다. 역사상 최초의 시민 총파업.

390 갈리아 인들이 대규모로 로마를 침공. 그들은 로마 시를 최초로 점령한 이 민족.

272 로마가 이탈리아 반도를 통일. 이제 지중해로 나가는 일만 남았다.

264 북아프리카의 카르타고라는 강적을 맞이하여 제1차 포에니 전쟁이 발발했다. 전적은 로마 1, 카르타고 0.

218 카르타고의 한니발은 코끼리들을 이용하여 로마를 공격했다. 그는 비록 로마를 정복하지는 못했지만, 이탈리아 전역을 짓밟고 다니며 사람들을 공포에 떨게 했다.

202 스키피오가 로마 군의 사령관이 되어 한니발을 무찔렀다. 로마 2, 카르타고 0. 로마의 농부들은 점점 더 많은 땅을 차지하다가 마침내 이탈리아 전체를 손에 넣었다.

146 3차전으로 카르타고는 지구상에서 사라져 버렸다. 게임 종료, 3 대 0으로 로마의 승리! 그러나 로마인들은 또다른 민족을 정복하고 싶어졌다. 세계 정복에 나선 것이다!

133 그라쿠스가 토지 제도의 개혁을 시작했다.

130 로마는 그리스와 에스파냐의 대부분을 정복했다.

73 검투사들이 스파르타쿠스의 지휘 아래 반란을 일으켰다.

59 카이사르가 처음으로 집정관에 올랐다.

58~52 카이사르가 갈리아와 브리타니아 원정을 성공시켰다.

49 카이사르가 군대를 이끌고 로마로 들어오면서 이렇게 말했다. "주사위는 던져졌다!"

44 카이사르가 종신독재관으로 선출되었다. 그리고…암살되었다!

31 옥타비아누스가 악티움에서 안토니우스와 클레오파트라의 해군을 물리쳤다.

30 안토니우스가 자살하자 클레오파트라도 그 뒤를 따라 죽었다.
27 옥타비아누스가 로마 황제에 올라 이름을 아우구스투스로 바꾸었다. 이제 로마는 황제가 다스리는 제국이 되었다.

8~6 이 중 어느 해에 로마의 아시아 식민지에서 한 아기가 태어났다. 그의 이름은 예수 그리스도였다.

기원후

9 로마 군이 게르마니아를 공격했다가 패배하고 물러났다. 더 이상의 정복은 어려워 보였다.

14 아우구스투스가 정복을 중지하라는 유언을 남기고 죽었다. 로마의 정복은 여기서 끝났다.
41 정신병에 시달리던 가이우스 황제가 암살당했다. 황제가 암살되는 로마 특유의 전통이 시작되었다.
64 로마에 대화재가 발생했다. 황제 네로는 그리스도 교도들이 방화범이라고 주장했다. 원로원이 반란을 일으키자 네로는 자살했다. 그러나 이 때부터 그리스도 교는 로마 제국의 탄압을 받기 시작했다.

96 '로마의 평화'라고 부르는 시대가 시작되었다.

117 트라야누스 황제가 파르티아 원정에서 돌아오다가 병으로 죽었다. 그의 시대에 로마 영토는 지중해를 한 바퀴 빙 둘러싸는 최대 규모에 이르렀다.

122 하드리아누스가 스코틀랜드 인의 침입을 막기 위해 브리타니아에 장성을 짓기 시작했다.

165 파르티아를 공격하던 로마 병사들이 페스트에 걸렸다. 이들이 페스트 균을 지닌 채 귀국하여 로마는 난리가 났다.

180 사치와 방탕한 생활을 즐기는 '제2의 네로' 콤모두스가 로마 황제가 되었다. 로마의 평화는 끝났다.

235~284 50년 동안 무려 20명 이상의 로마 황제들이 난립했다. 황제가 암살되는 일이 많았기 때문이다. 이 시기에는 또 군인 출신 황제들이 연이어 나왔기 때문에 군인 황제 시대라고도 부른다.

286 디오클레티아누스 황제가 로마 제국을 둘로 나누어 자신은 동방 제국의 황제가 되었다. 황제 두 명은 각자 부제를 한 명씩 두었으므로 사실상 로마 제국의 황제는 네 명이 되었다. 디오클레티아누스는 로마의 식민지들도 더욱 잘게 나누었다.

313 콘스탄티누스 황제가 그리스도교 신앙을 허용했다. 불과 10년 전까지만 해도 로마는 그리스도교도들을 대량으로 학살했었다.

325 니케아에서 종교 회의가 열려 그리스도교의 교리를 확정했다.

380 그리스도교가 로마의 공식 종교가 되었다.

410 게르만 족의 일파인 서고트 족이 로마 제국을 침략하여 로마 시를 약탈했다.

451 동방의 사나운 민족인 훈 족이 로마를 침략했다

455 게르만 족의 일파인 반달 족이 로마를 침략했다. 이제 로마 군을 이기는 것쯤은 아주 쉬운 일이 되었다.

476 서방 제국 최후의 로마 황제가 강제로 물러났다. 이것으로 로마의 본체는 멸망했다. 이 때부터 동방 제국은 비잔틴 제국이라는 이름으로 불리게 되었다.

554 비잔틴 제국의 황제인 유스티니아누스가 이탈리아를 정복하여 로마의 부활을 꿈꾸었으나 곧 이민족에게 빼앗겼다.

1453 비잔틴 제국의 수도 콘스탄티노플이 투르크의 공격으로 함락됐다. 로마 제국은 완전히 멸망했다.

갓난아기 로마

　로마는 지금 이탈리아의 수도로 남아 있지만 원래는 나라 이름이었다. 그것도 유럽과 아시아, 아프리카의 세 대륙에 걸친 아주 크고 넓은 제국이었다. 오죽 큰 나라였으면 "모든 길은 로마로 통한다"는 말까지 있었을까? 에이, 설마 그랬을라고 하겠지만 그 말은 사실이다. 만약 로마 시대에 유럽 사람들이 해수욕장을 가려 한다면 실제로 로마를 통과해야만 했을 것이다. 해수욕장 하면 지중해, 그런데 로마는 지중해를 빙 둘러싸고 있었으니까.

　로마가 건국된 것은 기원전 753년 4월 21일이다. 까마득한 옛날 치고는 너무 정확한 날짜가 아니냐고? 사실 그렇다. 이 연대와 날짜는 모두 나중에 로마가 지중해의 주인으로 성장한 뒤에 정해진 것이다. 여러 개의 연대와 날짜가 후보로 올랐으나 로마인들은 기원전 753년 4월 21일을 공식적인 건국일로 선택했다. 사실이 그랬다는 게 아니라 그렇게 '선택'한 거니까 그 연대와 일자가 정확한 것일 수는 없다. 그냥 그 무렵에 티베르 강 유역 라티움의 한 언덕에서 로마가 시작되었다는 정도로 보면 된다.

　연대와 날짜를 정한 마당에 건국자도 정하지 못할 이유가 없다. 로마의 공식 건국자는 로물루스다. 로물루스와 레무스 형제는 갓난아기 때 산에 버려졌다. 그래서 죽었다면 아예 얘

기가 안 될 테니, 어떻게 살아났을까가 중요하다. 형제를 거둔 것은 사람이 아니라 늑대였다. 늑대의 젖을 먹고 자란 탓인지 형제는 커서 늑대 무리처럼 주도권을 놓고 서로 다투었다. 여기서 로물루스가 레무스를 죽이고 로마를 세웠다. 레무스가 이겼다면 아마 로마가 아니라 '레마'가 건국되었을 것이다. 이렇게 로마는 늑대 우는 언덕에서 처음부터 피비린내를 풍기며 탄생했다.

왕은 싫어!

세상에서 가장 약한 것이 갓난아기이다. 로마도 처음 태어날 땐 아주 약했다. 지금 우리는 로마라고 하면 유럽의 남부를 통째로 차지했던 거대한 제국을 떠올리지만, 갓난아기 로마는 한 마을 정도에 불과했다. 사실 그 당시의 나라들이란 모두 지금의 마을 수준이었다.

아기는 길러 줄 사람이 필요하듯이 갓 태어난 로마도 혼자 힘으로 자라날 수 없었다. 로마를 기른 보호자는 이웃의 강성한 나라인 에트루리아였다. 처음에 로마는 에트루리아 왕이 책임지고(?) 다스렸다. 시간이 지나고 혼자 힘으로도 세상을 헤쳐 나갈 수 있겠다 싶을 만큼 로마가 성장하자, 로마 사람들은 다른 마을, 아니 다른 나라의 지배를 받는 것을 창피하게 여기기 시작했다.

기원전 6세기에 로마인들은 에트루리아의 왕 타르퀴니우스를 로마에서 쫓아내 버렸다. 그럼 로마 사람을 왕으로 삼았냐고? 그런데 그게 아니었다. 그들은 이제 왕이라면 아주 지긋지긋했다. 그래서 그들은 왕 없이 살기로 마음먹었다. 나랏일은 대표 몇 명을 뽑아서 맡기기로 했다. 그렇지만 그 대표들이 왕처럼 시건방을 떨면 안 되니까 임기를 정했다. 이것을 공화정이라고 부르는데, 오늘날 현대 국가의 공화정과는 다르다. 그 때 로마는 아주아주 작은 마을, 아니 나라였으니까 오늘날처럼 거창한 국회나 정부 같은 정치 제도가 필요없었다. 공화정을 이룬 로마의 대표들을 원로원이라고 불렀다.

그런데 점차 공화정에도 문제가 생겨났다. 세월이 흐르면서 대대로 원로원 직위를 차지하는 가문들이 생겨난 것이다. 이들은 자신들을 귀족이라고 부르면서 일반 평민들과 다른 존재라고 여겼다. 평민들은 당연히 불만이었다. "지들이 언제부터 귀한 족속이었담?"

정치라도 잘 했다면 모를까, 귀족들은 아무 일도 하지 않으면서 평민들의 재산을 빼앗고 그들을 종처럼 부렸다. 더 이상 참을 수 없다고 여긴 로마의 평민들은 들고 일어나 시위를 벌였다. 로마 시 뒷편에 있는 제사를 지내는 성스러운 언덕에 옹기종기 모여 서로 손을 맞잡고 앉은 채로.

당시 유력 일간지 〈로마일보〉는 특별판을 발행해서 시위중인 평민들에게 뿌렸다.

로마일보

특별판

로마 시민 여러분!!
냉정을 되찾읍시다!!

　위대한 로마 시민 여러분! 이러면 안 됩니다. 여러분이 로마 시를 버리면 누가 로마 시민이 되겠습니까? 우리 로마는 여러분의, 여러분에 의한, 여러분을 위한 시입니다.

　지금 여러분이 하고 있는 행위는 불법 파업입니다. 파업 기간이 길어지면 그만큼 그 손해는 여러분이 입게 됩니다. 곁에 있는 어린 자식들과 늙으신 부모님을 생각하고 냉정을 되찾아 주십시오.

　여러분이 왕을 아주 싫어한다는 것은 우리도 잘 알고 있습니다. 그동안 우리 귀한 족속들이 대대로 나랏일을 맡으면서 약간의 문제가 있었다는 것도 잘 압니다. 하지만 그렇다고 이렇게 모든 일에서 손을 놓아 버리면 어떻게 하겠습니까? 농사는 누가 짓고, 연장은 누가 만들며, 물건은 누가 팝니까? 아니, 그보다 이웃 나라에서 쳐들어오기라도 한다면 누가 무기를 들고 나라를 지킬 것입니까?

　우리 귀한 족속들은 여러분의 열화와 같은 요구를 수용하기 위해 머리를 맞대고 고민했습니다. 그 결과 우리는 다음 사항들을 지키겠다고 여러분에게 약속합니다.

1. 평민 여러분들이 스스로의 정치 조직을 만들 수 있도록 허용하겠습니다.
2. 평민 대표를 뽑아 정치에 참여시키겠습니다.
3. 문서로 된 법을 만들어서 누구나 법 앞에 평등하도록 하겠습니다.

건국 260년 귀한 족속 대표 올림

로마 귀족들은 평민들의 총파업에 잔뜩 겁을 집어먹었다. 생각 같아서는 모조리 잡아서 감옥에 가두고 싶었지만 그럴 순 없었다. 군대를 동원해서 그들을 해산하는 것도 생각할 수 없었다. 병사들도 대부분 평민들이었으니까.

귀족들이 제안한 타협안에 평민들은 만족했다. 그들은 평민회라는 정치 조직을 만들고, 호민관이라는 평민 대표를 뽑아서 귀족들이 주도하는 정치에 참여하도록 했다. 이것으로 1번과 2번 조항은 금세 처리되었다.

마지막 3번 조항은 약간 시간이 걸렸으나 결국 이루어졌다. 기원전 451년에 〈12표법〉이라는 로마 최초의 법전이 만들어진 것이다. 법전이라니까 두꺼운 책을 생각할지 모르겠는데, 그건 아니다. 이름에서 알 수 있듯이 12표법은 12개의 조항으로 되어 있을 뿐이니까. 12표법은 청동판에 법 조항들을 새겨서 사람들이 자주 다니는 로마 시의 광장 한가운데에 설치되었다.

12표법은 순식간에 사람들의 큰 인기를 불러모았다. 로마의 청소년들은 그 조항들을 줄줄 외우고 다녔다. 하긴, 아주 짧았으니까 공부를 좀 못하는 친구들도 어렵지 않게 외울 수 있었을 것이다.

기원전 1세기에 살았던 로마의 철학자 키케로는 12표법의 조항들을 노래로 만들어 부르기도 했다는데, 12표법은 현재 다 남아 있지 않고 그 일부만이 남아 전해지고 있다.

자라나는 로마

제도가 정비되면서 갓난아기는 어느새 훌쩍 컸다. 평민들이 정치에 참여한 것은 여러 모로 로마에게 이득이었다. 로마의 평민들은 군대를 강화하고 그리스에서 중장보병 밀집대형이라는 새로운 전술을 배워 익혔다.

중장보병은 청동으로 만든 갑옷과 투구를 착용하고, 무릎에

는 정강이 보호대를 대고, 청동 방패, 창, 칼로 무장한 병사를 가리킨다. 로마 시대를 다룬 영화에서 흔히 보는 로마 병사의 모습이 바로 그것이다. 워낙 장비 값이 비쌌으므로 평민들이 힘

을 얻기 전까지는 귀족들만 중장보병이 될 수 있었다.

전쟁이 벌어지면 이런 중장보병들이 좁은 간격으로 모여 밀집대형을 이루었다. 멀리서 보면 온통 쇳덩어리(청동 덩어리)로 보였을 것이다. 당시 로마엔 말이 별로 없었으므로 기병은 크게 발달하지 못했다. 그 무렵 기병을 많이 사용한 나라는 오리엔트의 페르시아나 아프리카의 누미디아 정도였다.

드디어 중장보병 밀집대형을 실전에 활용할 기회가 생겼다. 로마 북쪽의 갈리아인이 로마를 침략해 들어온 것이다. 그러나 그들은 신출내기 로마 병사들이 상대하기에는… 너무도 강했다!

고난

기원전 390년, 지금의 이탈리아 북부에 살던 갈리아의 전사들이 대규모로 로마를 향해 침략해 들어왔다. 그러나 로마는 크게 걱정하지 않았다. 왜 그랬을까?

a) 중장보병 밀집대형을 믿고 있었기 때문이다.
b) 이웃 나라들과 동맹을 맺고 있었기 때문이다.
c) 갈리아의 힘이 약하다는 것을 알고 있었기 때문이다.

> 답: **b)**. 아직 시스템이라고 부를 만큼 이루어지지는 않았고 동맹 이웃 나라들과 맺고 있었다. 훗날 원로원 같은 곳에서 중요한 결정이 이루어지겠지만, 대체 지금은 왕이 통치하고 있었다. 이들은 '라틴 동맹'을 통해 몇몇 주요 강가에서 공동의 군대를 끌어 모을 수 있었다. 집단보병 밀집대형을 갖추고 있었다.

라틴 동맹의 리더인 만큼 로마는 갈리아의 전사들과 맞설 자신이 있었다. 사실 갈리아인들은 그 전에도 여러 차례 소규모로 이탈리아 중부를 침략하여 약탈한 적이 있었다. 그러나 힘이 커진 로마가 그런 소규모 침략까지도 허용하지 않으려 하자 갈리아인들은 대규모 공격을 계획한 것이었다.

자, 드디어 로마는 처음으로 국제전에 데뷔하게 되었다. 월드컵 본선에 첫 출전한 나라는 긴장감 때문에 발이 얼어붙어 잘 움직이지 않는다고 한다. 로마의 선수들은 제 실력을 발휘했을까?

a) 갈리아를 1:0으로 아슬아슬하게 물리치고 월드컵에서 우승했다.
b) 연장전에서도 비겨 승부차기 끝에 겨우 이겼다.
c) 경기 초반에 세 골을 먹고 대패했다.

> **답: c).** 로마 병사들은 워낙 경험이 부족했던 데다 아직 중장보병 밀집대형 전술도 몸에 익지 않았다. 그래서 그들은 변변히 대항 한 번 못해 보고 완패했다. 갈리아의 전사들은 로마 시를 철저히 약탈하고 불을 질렀다. 로마 광장의 12표법도 이 때 불타 없어졌다가 나중에 다시 복원되었다.

갈리아인은 로마 시를 최초로 정복한 이민족이었다. 이후 로마 시는 기원후 410년까지 800년 동안 한 번도 정복당하지 않았으니, 로마인들로서는 갈리아인이 철천지 원수였을 것이다. 그렇지만 아직은 원수를 갚을 힘이 없었다. 오히려 로마인들은 갈리아가 더 이상 파괴 행위를 하지 않기만을 바랐다.

사실은 그보다 더 절실하게 바란 것이 있었다. 뭘까? 로마인들은 갈리아가 로마를 지배하는 일만은 없기를 간절하게 기원했다. 이민족이 로마의 왕위를 차지했던 200년 전의 그 끔찍한 기억을 그들은 잊을 수 없었던 것이다. 그만큼 로마인들은 왕도 싫어했고 이민족의 지배도 싫어했다.

그러나 칼자루를 쥔 쪽은 로마가 아니라 갈리아였다. 마음껏 로마를 유린하고 난 뒤 갈리아인들은 어떻게 했을까?

a) 로마인들의 뜻과는 반대로 로마에 눌러앉아 지배하려고 했다.

b) 배상금만 받기로 하고 물러갔다.

c) 점차 로마인들과 어울리면서 뒤섞이게 되었다.

> 답: b). 갈리아인들은 로마를 징벌하러 왔을 뿐 영토에는 욕심이 없었다. 그러나 만약 그들이 로마를 지배하려 들었다면 충분히 할 수 있었을 것이다. 그랬다면 이후 로마 제국은 없었을지도 모른다. 역사의 흐름은 이렇게 작은 곳에서 갈렸다.

통일

갈리아에게 참패하자 라틴 동맹 내에서도 로마의 위치가 흔들렸다. 특히 로마 북부 산악 지대에 살던 삼니움인들은 로마가 갈리아에게 치욕을 당하는 꼴을 보고 로마에게 도전했다. 그러나 이것은 로마에게 약이 되었다. 삼니움인들은 사나운 민족이었으나 로마 병사들의 밀집대형 전술을 당해 내지 못했다. 로마는 이 전쟁에서 소중한 실전 경험을 쌓았을 뿐 아니라 삼니움이 장악하고 있던 비옥한 곡창 지대를 얻었다.

로마에 반기를 들었던 다른 동맹시들도 다시 로마에게 복종했다. 로마는 그들에게 로마 시민권을 주면서 통합 정책을 꾀했다. 그러나 아직도 복종하지 않는 도시들이 있었는데, 로마는 그들을 어떻게 대했을까?

a) 요새를 파괴하고 정치 지도자들을 추방했다.

b) 그들에게도 로마 시민권을 주면서 달랬다.

c) 시민권은 주지 않고 정치적 자치권만 주었다.

답: **a)**. 로마가 취한 정책은 세 가지였다. 끈질기게 저항하는 도시들에게는 **a)**, 적극 협력하는 도시들에게는 **b)**, 중립적인 도시들에게는 **c)**였다.

이제 이탈리아 반도는 거의 로마의 지배를 받게 되었다. 남은 곳은 단 한 군데, 반도 남부의 그리스 식민시들이었다. 이 지역에는 일찍부터 그리스인들이 세운 도시들이 있었는데, 이들은 지중해의 해상 무역으로 경제적 번영을 누리고 있었다. 따라서 이곳을 정복하면 반도의 통일과 더불어 로마의 재정에도 큰 도움이 될 터였다.

그리스 식민시들은 무역에만 힘을 쓴 나머지 군대는 아주 약했다. 로마가 침략해 들어온다는 소식에 깜짝 놀란 식민시들은 황급히 대책을 마련했다. 여러분이라면 어떤 대책을 세웠을까?

a) 그리스에 SOS를 타전한다.
b) 연합군을 편성해서 맞선다.
c) 항복한다.

> 답: a). 식민시들은 사실 본국인 그리스와 정치적인 관계는 거의 없었다. 조상들이 그리스에서 건너왔다는 것뿐, 그들은 그리스와 특별히 친하려 하지도 않았고 그리스도 역시 그랬다. 그러나 위기가 닥치자 식민시들은 그리스밖에 매달릴 곳이 없었다.

그런데 당시 그리스는 이미 그 북쪽에서 일어난 마케도니아의 지배를 받고 있었다. 그 얼마 전에 마케도니아는 그리스를 정복하고 동방 원정에 나섰는데, 그 주인공이 바로 유명한 알렉산드로스 대왕이었다. 알렉산드로스가 죽자 그리스는 어느 정도 숨통을 텄지만, 아직 옛날의 번영을 되찾지는 못했다.

그러나 그리스에는 제2의 알렉산드로스를 자처하는 피루스라는 왕이 있었다. 이탈리아에 있는 식민시들의 구조 요청을 접수한 피루스는 기원전 275년에 그리스와 마케도니아 연합군을 이끌고 이탈리아로 왔다. 그런데 그들을 보자 로마 군은 깜짝 놀랐다. 왜 그랬을까?

a) 군대의 규모가 엄청났기 때문이다.
b) 코끼리 부대가 있었기 때문이다.
c) 돼지 부대가 있었기 때문이다.

답: b). 피루스는 200마리의 코끼리들을 가느리고 이탈리아로 왔다. 코끼리 잘생기 그거 잘났었다.

코끼리들이 제 역할만 해 주면 승리는 식은 죽 먹기다. 피루스는 이렇게 생각했다. 그 생각은 옳았지만 그는 전쟁에서 졌다. 왜 그랬을까? 로마 병사들이 코끼리를 보고 놀란 것에 못지않게 코끼리들도 로마 군의 밀집대형을 보고 놀랐거든. 코끼리들 눈에는 그것이 쇳덩어리로 보였을 테니까.

로마 병사의 창에 코끼리가 살짝 찔리자 코끼리는 미친 듯이 돌진했다. 로마측이 아니라 자기 편을 향해서. 놀란 코끼리가 그리스 병사들을 마구 짓밟아 죽이자 피루스의 꿈은 사라지고 말았다.

이렇게 그리스를 물리친 뒤, 기원전 272년에 로마는 드디어 이탈리아 반도의 통일을 이루었다. 이제 길고 고통스러웠던 유년기의 기억은 사라지고, 장성한 로마 앞에는 지중해의 푸른 물결이 출렁거렸다.

지중해를 내 품 안에

로마는 여러모로 그리스를 본받으려 했다. 공화정이라는 정치 제도도 그랬고, 중장보병 밀집대형이라는 군대의 전술도 그랬으며, 해외에 식민시들을 건설하려는 것도 그랬다. 그리스인들은 인구가 늘어나자 비좁은 그리스 반도를 떠나 지중해 곳곳에 식민시들을 세웠다. 오늘날 시칠리아의 나폴리나 프랑스 남부의 마르세유 같은 도시들이 바로 그리스 시대에 건설된 식민시들이다.

이탈리아 반도를 통일한 로마인들도 그리스인들처럼 지중해로 진출하기 시작했다. 하긴, 이제 육로로는 더 이상 갈 곳도 없어졌으니….

로마의 식민시는 그리스의 식민시와 비슷했지만 다른 점도 있었다. 그것은 바로 정치적인 측면이었다. 그리스인들이 해외에 건설한 식민시들은 그리스 본국의 정치적 지배를 받지 않았고, 주로 해상 무역으로 많은 돈을 벌었다. 요즘처럼 온라인 송금 제도도 없었으므로 그들은 그리스 본국에 돈을 송금하지도 않았다. 그러나 로마의 식민시들은 로마 본국의 정치적 명령을 받았다. 게다가 이 도시들에는 로마 군대가 늘 주둔하면서 야만족의 침략에 대비했다. 오늘날 독일의 쾰른이나 에스파냐의 그라나다, 코르도바 같은 도시들이 당시 로마의 식민시로 출발했다.

그런데 로마는 식민시를 계속 확대하고 싶었으나 뜻대로 되지 않았다. 지중해 세계에는 로마가 이탈리아에서 정복한 여러 민족들보다 더욱 강한 적이 있었던 것이다. 반도 내에서는 리더였던 로마가 지중해로 나오자 순식간에 '변두리 촌놈'이 되었다. 당시 지중해 세계의 보스는 오늘날 북아프리카의 튀니지라는 나라에 있는 카르타고라는 도시였다. 카르타고는 그때까지 로마가 상대해 온 적들과는 차원이 달랐다.

지중해 세계의 신참과 고참은 자원이 풍부한 에스파냐를 두고 신경전을 벌였다. 양측 사이에는 점점 전운이 무르익어 갔다. 기원전 264년 마침내 양측은 전쟁에 돌입했는데…,

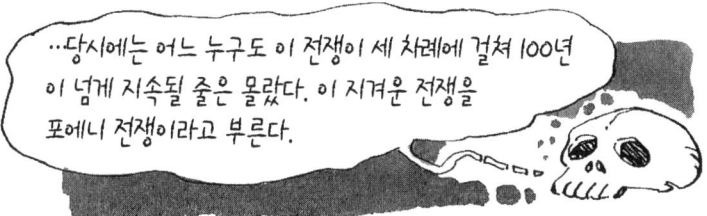

…당시에는 어느 누구도 이 전쟁이 세 차례에 걸쳐 100년이 넘게 지속될 줄은 몰랐다. 이 지겨운 전쟁을 포에니 전쟁이라고 부른다.

역사에는 기록되어 있지 않지만, 당시 포에니 전쟁은 로마와 카르타고 양측과 모두 관련된 한 가정의 가족사에 큰 영향을 미쳤다. 이 가족이 남긴 편지와 일기를 통해 포에니 전쟁이 얼마나 지겨웠는지 알아 보자.

제1차전

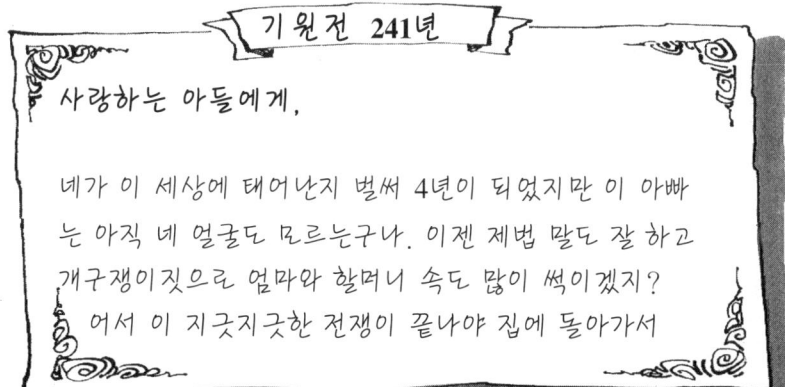

기원전 241년

사랑하는 아들에게,

네가 이 세상에 태어난지 벌써 4년이 되었지만 이 아빠는 아직 네 얼굴도 모르는구나. 이젠 제법 말도 잘 하고 개구쟁이짓으로 엄마와 할머니 속도 많이 썩이겠지? 어서 이 지긋지긋한 전쟁이 끝나야 집에 돌아가서 너를 번쩍 안아 줄 텐데…. 그럼 네 녀석은 처음 보는 이상한 아저씨가 자길 안는다고 울겠지? 아빠 모습이 이상해 보일 게다. 수염과 머리카락이 이렇게 잔뜩 자랐으니…. 지금 내 모습을 보면 아무도 믿지 않겠지만 그래도 이 아빠는 겨우 스물다섯 살밖에 안 된단다. 올해로 전쟁이 23년째구나. 아빠가 전장에 온 지는 4년째고.

사실 우리 카르타고로서는 전쟁이 이렇게 길어진 걸 고마워해야 한단다. 아빠도 할아버지에게서 들은 얘기다만 전쟁이 터진 지 1년만에 우리 카르타고는 로마군에게 그만 시라쿠사를 빼앗겼거든. 시라쿠사는 시칠리아에서 가장 큰 도시였는데 이 전쟁을 일으킨 원인이기도 하지. 왜냐고?
너도 크면 학교에서 배우게 되겠지만 아빠가 알고 있는 걸 미리 가르쳐 주마. 23년 전 시칠리아의 시라쿠사와 메시나라는 도시가 서로 싸움을 벌였어. 그런데 메시나가 로마에게 도움을 요청했구나. 그 무렵 시칠리아의 도시들은 로마에 붙을 것이냐, 카르타고에 붙을 것이냐를 두고 중대한 갈림길에 있었단다.
시라쿠사가 카르타고를 택하니까 메시나는 로마에게 붙은 거지. 전쟁은 이렇게 해서 시작된 거야.
시라쿠사를 빼앗기고 나서 우리는 시칠리아 해안에서 벌어진 해전에서 참패했단다. 그것도 우리 카르타고가 장기로 삼은 해전에서 졌으니 사실 전쟁은 그 때 끝난 것이었지. 로마 놈들이 더 똑똑했더라면 말이야.

그런데 놈들은 바보같이 너무 일찍 이기려고 했단다. 그 후 로마 놈들은 아프리카로 상륙해서 카르타고를 쳐들어왔지만 우리에게 크산티포스라는 위대한 장군님이 계셨지. 그
때 장군님이 로마 군을 물리친 덕분에 전쟁은 지금까지 계속되고 있는 거란다.

그런데 그 전쟁에서 우리 가족은 그만 비극을 당하고 말았다. 네 할아버지께서 용감히 싸우시다가 전사하셨거든. 그 때 할아버지는 스물아홉 살의 젊은 나이였고, 아빠는 겨우 열 살이었지. 아빠는 최소한 네가 열 살 때까진 죽지 않을 테니까 걱정하지 말거라. 사실 이건 군사 비밀이지만 곧 전쟁이 끝날 수 있을 것 같단다. 지금 우리 카르타고 군이 비밀리에 해전을 준비하고 있거든. 여기서 이기면 아빠는 곧 네 얼굴을 보러 갈 수 있겠구나.

추신 : 어릴 때 텔레비전을 너무 많이 보면, 나중에 아빠처럼 눈이 나빠져서 안경을 쓰게 될 테니 조심하거라.

그러나 이 편지를 쓴 아이 아빠는 아이가 열 살이 될 때까지는 살겠다던 약속을 지키지 못하고 말았다. 그 해(기원전 241년)에 벌어진 해전에서 전사한 것이다. 대를 이어 전사한 이 가족의 비운은 그대로 카르타고의 운명으로 이어졌다. 그 해전의 패배로 카르타고는 로마에 항복한 것이다.

　1차전에서 승리한 로마는 카르타고에게서 막대한 배상금을 받아 냈다(전쟁에서 진 측이 배상금을 무는 전통은 아주 오래 전부터 있었고 20세기 초의 제1차 세계 대전까지도 있었다). 그러나 로마가 얻은 더 큰 선물은 시칠리아였다. 이제 로마는 지중해로 나아갈 발판을 얻은 것이다.

　게다가 로마는 해군력이 강한 카르타고를 해전에서 물리침으로써 해군에 자신감을 갖게 되었다. 바다를 제패하려면 해군이 강해야 하니까 어쩌면 이것이 로마로서는 최대의 수확이었을지도 모른다.

　이렇게 해서 1차전은 로마의 승리로 끝났지만 당시에는 아무도 그것이 1차전이라고 여기지 않았다. 20여 년 뒤에 2차전이 벌어지기 전까지는….

2차전

기원전 207년

올해로 전쟁은 만 10년째로 접어들었다. 벌써 내 나이 서른일곱, 처음부터 참전했으니 이제 베테랑이다. 전쟁터에서 청춘을 보냈지만 후회는 없다. 존경하는 한니발 장군님을 따랐기에….

한 가지 아쉬운 점은 아직 장가를 들지 못한 거다. 10년 전 스물일곱 살의 노총각 시절, 에스파냐에서 장군님을 모시고 있던 나는 자식이라곤 나 하나 뿐인 어머님께 효도라도 하려고 선을 볼 작정으로 휴가를 얻어 카르타고로 귀국했다. 그런데 그만 전쟁이 터져 버린 거다. 나는 선이고 뭐고 다 미루고 에스파냐의 우리 군대로 복귀했다. 어머니는 아버지가 스물다섯의 젊디 젊은 나이에 전쟁터에서 돌아가신 이후 줄곧 나 하나만을 믿고 사셨다. 환갑이 다 되신 어머니를 생각하면 지금도 가슴이 미어진다. 어떻게든 나는 죽지 않고 카르타고에 돌아가서 어머니께 못다한 효도를 해야겠다.

에스파냐 시절까지 포함하면 내가 한니발 장군님 곁에 있은 지 벌써 20년째다. 이제 장군님의 기침 소리만 들어도 뭘 하려고 하시는지 안다. 사실 장군님은 나보다 두 살밖에 많지 않아 나는 장군님을 형님처럼 모시고 장군님도 나를 동생처럼 대해 주신다. 에스파냐에서 정복 사업을 계속하면서도 장군님은 내내 로마에게 복수해야 한다는 심정으로 전투에 임하셨다. "에스파냐만 우리 손에 있다면 우린 로마에게 이길 수 있어." 장군님은 늘 이렇게 말씀하셨다.

10년 전 봄비가 내리던 어느 날 밤, 장군님은 나를 막사로 부르셨다. 장군님의 얼굴은 잔뜩 긴장되어 있었다.
"내일 출발한다."
우린 한동안 아무 말도 하지 않았다. 침묵을 깬

것은 나였다.
"그래도 함대를 이용하는 게 어떨지요?" 나는 속으로 소용없다고 생각하면서도 마지막으로 제안했다.
"함대는 안 돼. 우린 지중해의 고기 밥이 되고 말 거다. 로마 해군은 40년 전과는 크게 달라."
바닷길로는 이탈리아까지 며칠이면 충분했다. 그러나 장군님은 굳이 험준한 산맥이 두 개나 버티고 있는 육로로 가자고 고집했다. 나를 비롯해서 부관들은 장군님에게 여러 차례 건의했다. 도중에 야만족을 만나면 어떡하느냐고, 코끼리 수십 마리까지 있는데 어떻게 피레네와 알프스의 고산 지대를 넘을 것이냐고 우리가 따지듯 덤벼들 때마다 장군님은 빙그레 웃으셨다.
"야만족은 내 계산에 포함되어 있다. 난 그들을 정복해서 우리 병력 수를 늘릴 작정이야. 또 코끼리가 부담되지 않느냐고 하는데, 우리가 함대를 이용하지 않는 건 바로 코끼
리 때문이기도 해. 코끼리들을 배에 태우고 가다가 멀미라도 나서 미쳐 날뛰면 어쩔 텐가?"
장군님은 아프리카에서 실어 나른 코끼리들을 굳게 믿고 계셨다.
"우리의 비책은 코끼리다. 난 150년 전 그리스의 피루스가 실패한 이유를 알고 있지. 코끼리 부대를 동원한 건 좋았는데, 코끼리를 제대로 다루지 못했기 때문에 그는 패배한 거야. 독도 잘 쓰면 약이 되지만 약도 잘못 쓰면 독이 되지. 이건 중국 속담이다."
중국이라는 나라가 어디에 있는지는 모르지만 장군님은 손자병법에 적을 알고 나를 알면 백전 백승이라고 했다며 중국 얘기를 많이 하셨다.

장군님의 작전은 대성공이었다. 우런 피레네 산맥을 넘고 갈리아를 지나면서 많은 야만인 부족들의 습격을 받았는데 그 때마다 승리하고 그들을 우리 편으로 끌어들였다. 갈리아`인들은 로마를 원수처럼 여기고 있었기에 쉽게 우리 편이 되었다. 알프스를 넘을 땐 모두들 무척 고생했다. 한여름이긴 했지만 많은 병사들이 지치거나 죽어 넘어졌다. 산맥을 넘고 드디어 이탈리아 북부에 닿고 나니 애초에 4만 병력이 출발했던 우리 카르타고 군은 보병 20,000명에 기병 6,000명밖에 남지 않았다. 갈리아 병사들까지 들어왔는데도 말이다. 하지만 장군님은 "아직 로마까지 가려면 머니까 병력이야 그 도중에 충원하면 되지." 하면서 느긋한 표정이셨다.

우리편이 된 야만인들

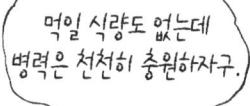
먹일 식량도 없는데 병력은 천천히 충원하자구.

그 말씀도 사실이었다. 로마`인들은 친절하게도 널찍한 도로를 만들어 놓았다. 물론 자기들 군대가 쓰려고 그랬겠지만 우런 신나게 도로를 타고 남으로 행군하면서 곳곳에서 병력을 충원했다. 로마의 지배에 반대하는 자들은 이탈리아 내에도 무척 많았다.

에스파냐를 떠난 지 2년만에 우런 드디어 말로만 듣던 로마 군단과 정면으로 맞부딪혔다. 이탈리아 남부 칸나에라는 곳이었다. 여기서 나는 장군님을 모신 지 20년이 넘도록 보지 못했던 장군님의 진면목을 봤다. 장군님은 그 때까지 잘 쓰던 코끼리들을 쓰지 않고 병력을 초승달 모양으로 전개하도록 지시했다. 양쪽 가장자리에는 베테랑 부대와 기병을 배치했고 중심으로 갈수록 약한 병력으로 채웠다. 나도 당연히 베테랑 부대에 끼였다. 로마 군은 여전히 밀집대형 전술이었다. 밀집대형이 밀고 들어오자 우리 군의 가운데 대열은 천천히 후퇴했다. 그러자 한가운데로 계속 밀고 들어온 로마 군은 마치 포위되어 갇힌 꼴이 되었다. 우리는 로마 군의 후방을 마구 공격했다.

이 전투에서 우리 카르타고 병사들도 5,700명이나 죽었지만, 로마 군은 무려 70,000명이 죽었다. 로마가 자랑하는 군단은 여지없이 깨졌다. 우리는 대승을 거두었다. 그 날 밤 나는 어머니를 만나는 꿈을 꾸었다.

그러나 그 승리가 있은 지 벌써 8년이나 지났는데도 아직 우리는 이탈리아에 있다. 이탈리아의 모든 사람이 장군님의 이름만 들어도 벌벌 떠는데 장군님은 좀처럼 로마를 멸망시키려 하시지 않는다. 나는 하루빨리 아버지의 원수이자 조국의 원수를 갚고 고향으로 돌아가고 싶은 마음뿐인데….

요즘은 왠지 불안하다. 로마 군이 달라지고 있다. 그동안 우리는 그들을 인형처럼 갖고 놀았는데 얼마 전부터는 로마 병사들의 눈빛이 제법 날카로워지고 있다. 듣자니 스키피오라는 젊은이가 혜성같이 등장해서 에스파냐 정복에 나섰다고 한다. 우리의 텃밭인 에스파냐가 무너지면 안 될 텐데.

참, 나는 며칠 후면 여기서 장가를 들게 된다. 카르타고 사람은 아니고 우리가 정복한 이탈리아 지방 귀족의 딸인데 아주 좋은 처녀다. 나이도 아직 열여섯 살이니까 늙은 내게는 과분하다. 장군님이 주선해 주셔서 이제 노총각 신세를 면하게 되었다.

이 일기를 쓴 카르타고 병사의 불안은 사실로 드러났다. 스키피오는 몇 년 뒤에 에스파냐를 정복했고 로마로 개선했다. 로마 원로원은 한니발 군대를 쳐부수라고 명령했으나 스키피오의 생각은 달랐다. 그는 군대를 다시 이끌고 바다를 건넜다. 또 에스파냐로? 천만에. 그는 바로 북아프리카의 카르타고로 진격했다.

스키피오의 로마 군이 카르타고 본국을 짓밟자 마침내 한니발도 더 이상 이탈리아에 버티고 있을 수 없게 되었다. 일기의 주인공은 한니발이 왜 로마를 멸망시키지 않았는지 궁금해 했지만, 사실 한니발은 그럴 힘이 없다고 판단했다. 비록 로마에서 우세를 점하고는 있으나 해상은 여전히 로마 함대가 주름 잡고 있었고, 로마의 동맹시들은 카르타고에 아직 끈질기게 저항하고 있었던 것이다.

서둘러 카르타고로 돌아온 한니발은 자마라는 곳에서 스키피오의 로마 군과 다시 한 번 대결한다. 기원전 202년, 카르타고의 영웅과 로마의 영웅이 맞섰다. 여기서 한니발은 칸나에 전투의 승리를 재현하지 못했다. 우선 기병의 수가 부족했다. 그래서 그는 할 수 없이 코끼리 부대를 기병 대신 두입했는데, 스키피오는 그럴줄 알고 미리 나팔을 준비해 두었다. 로마 병

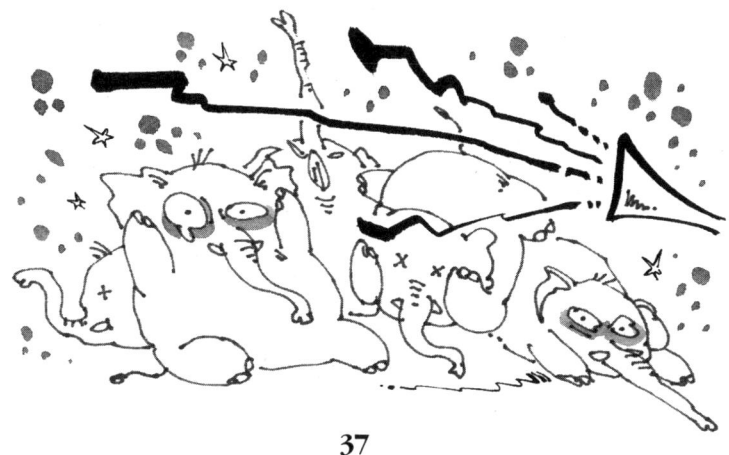

사들이 요란하게 나팔을 불어대자 코끼리들은 깜짝 놀라 우왕좌왕거렸다. 이어 로마에서 16년간이나 용감히 싸운 카르타고의 베테랑 병사들이 나섰으나 전세는 이미 기울었다. 아마 이때 일기의 주인공도 전사한 듯하다. 그러나 다행히도 그는 로마에서 결혼하여 딸을 하나 낳았다. 2차전의 승리로 포에니 전쟁의 승패는 사실상 결정났다. 카르타고는 아직 멸망하지 않았지만 그건 시간 문제였다. 3대째 연이어 전쟁에서 죽은 비운의 가족이 남긴 마지막 기록은 이렇다.

3차전

기원전 146년

먼저 죽은 자식들의 명복을 빌며.

이제 더 이상 살아 갈 힘도 없지만 있다 해도 곧 죽을 거다. 이 카르타고 성 안에 있는 사람들은 모두 죽은 목숨이다. 며칠 전 무녀의 말이 옳았다. "카르타고는 다음 보름날을 맞지 못할 것이다!"

50년도 더 되었지, 아마? 엄마 품에 안겨 배를 타고 이 곳에 올 때 난 다섯 살인가, 여섯 살인가 그랬다. 아버지는 우리 카르타고의 위대한 전사였고, 어머니는 로마의 처녀였다. 그런데 아버지는 엄마와 나를 처음 보는 할머니에게 맡겨 두고 곧장 집을 나가서는 돌아오지 않았다. 아버지가 그 때 전사했다는 이야기는 나중에 할머니에게서 들었다. 할머니는 아버지가 죽자, 곧장 엄마는 로마로 돌아갔다고 하셨다. 엄마는 아직 스물한 살이었던 것이다.

할머니 손에서 어렵게 자란 나는 열일곱에 시집을

가서 자식을 많이 낳았다. 할머니께서는 내가 어릴 때부터 우리 집안은 손이 귀하니까 이 담에 시집가면 자식을 많이 둬야 한다고 하셨다. 그러나 많이 둔다고 좋은 건 아니다. 내가 낳은 네 아들과 세 딸, 네 며느리와 세 사위는 모두 나보다 먼저 죽었다. 그것도 불과 3년 전, 전쟁이 시작된 이후에….

지금 카르타고 시민들은 남녀노소 할 것 없이 모두 목숨을 걸고 성을 지키는 데 나섰다. 오늘 낮에는 늙은 나도 로마 군의 공격으로 무너진 성 한 귀퉁이를 다시 쌓는 데 돌을 져다 날랐다. 그러나 이게 다 무슨 소용이람? 어차피 카르타고는 다음 보름날을 맞지 못할 텐데. 설사 그렇지 않다 해도 난 더 이상 살기 싫다. 어서 아들과 딸들, 그리고 로마에서 꿈같이 짧게 보낸 어린 시절의 아버지에게로 달려가고 싶다.

로마는 아주 잔인했다. 2차전에서 승리한 뒤 사실상 카르타고는 이빨 빠진 호랑이가 되었는데도 로마는 만족하지 않았다. 그만큼 카르타고기 두렵기도 했다.

그러나 항복한 나라를 없애는 건 고대에도 국제적 비난을 받았다. 그래서 로마는 꾀를 냈다. 우선 카르타고에게서 모든 무기를 빼앗고 막대한 배상금을 받아 냈다. 그리고 카르타고가 다른 나라와 전쟁을 벌이는 것을 완전히 금지했다. 그만해도 됐겠다 싶었지만 로마의 음흉한 계획은 따로 있었다. 로마는 카르타고의 이웃 나라인 누미디아를 부추겨 카르타고를 공격하도록 했다.

전쟁을 벌일 수 없는 처지였으므로 카르타고는 누미디아의 매를 묵묵히 맞고만 있었다. 그러나 참는 데도 한계가 있었다.

마침내 카르타고는 자기 방어를 위해 칼을 빼들었는데, 그건 로마의 함정이었다. 기원전 149년, 로마는 카르타고가 조약을 위배했다는 이유로 대규모 공격에 나섰다. 카르타고 시민들은 맨주먹으로 맞섰다. 할머니의 자식들은 모두 그 때 죽었다.

할머니의 마지막 일기가 기록되고나서 며칠 뒤 로마 군은 드디어 카르타고 성을 깨뜨렸다. 그들은 살아남은 카르타고 시민들을 학살하고 나머지는 노예로 팔았다. 그리고 성을 완전히 부숴 오늘날까지 유적조차 남지 않게 만들었다. 포에니 전쟁의 승리로 로마는 드디어 지중해의 일인자가 되었지만 그것은 피비린내나는 과정이었다.

로마의 군대

로마가 이탈리아 반도의 리더가 되고, 카르타고를 물리쳐 지중해 세계의 일인자가 되는 데는 뭐니뭐니해도 막강한 로마 군단의 힘이 가장 컸다. 로마 군단은 이탈리아 북부에서 지금의 프랑스에 이르는 갈리아와 지금의 영국에 해당하는 브리타니아를 정복하여 식민지로 만들었다. 또한, 포에니 전쟁에서 승리하여 카르타고의 식민지였던 에스파냐까지 손에 넣었다.

로마의 군대는 정복만 했을 뿐 정복지를 다스리지는 않았다. 군대가 정복하고 나면 그 곳에는 로마의 귀족들과 평민들이 와서 도시를 세우고 정복한 민족을 노예로 삼았다. 노예들이 반란의 기미를 보이면, 로마인들은 즉시 은퇴한 로마 병사들을 도시 외곽에 주둔하게 했다. 이를테면 베테랑들이 포위하고 으름장을 놓는 것이다. 그래도 말썽이 계속되면, 그 군대가 즉시 달려와 새로 건설된 로마식 도로에서 행진을 벌였다.

여러분의 선생님은 여러분에게 로마 군단이 어떤 옷을 입었고 어떻게 생활했는지를 말해 주실 것이다. 그렇지만 선생님이라고 해서 모든 것을 다 아는 건 아니다.

선생님을 시험해 보자

선생님께 다음 질문들을 해 보자. 열 개의 문제 중 다섯 문제 이상을 맞히실 수 있을까? 여러분은 어떨까?

여러분이 로마 병사라면

1. 가죽 킬트(남자들이 입던 스커트) 안에 뭘 입을까?
   a) 아무 것도 안 입는다.

b) 팬티

c) 무화과 잎

2. 로마식 도로에서는 도로의 어느 쪽으로 행진할까?

a) 오른쪽

b) 한가운데

c) 왼쪽

3. 군대에 입대한 뒤에는 얼마나 복무해야 할까?

a) 25년 동안

b) 5년 동안

c) 평생 동안

4. 결혼은 누구와 할까?

a) 누구와도 할 수 있다.

b) 결혼은 하지 않는다.

c) 로마인과 한다.

5. 여러분의 군복, 무기, 식량, 장례에 드는 비용은 누가 부담할까?

a) 황제

b) 모두 무료다.

c) 여러분의 봉급에서 여러분이 직접 부담한다.

6. 키는 얼마나 되어야 할까?

a) 180 cm 이상
b) 160~180 cm
c) 160 cm 이하

7. 화장지 대신 뭘 썼을까?
a) 막대기 끝에 스펀지를 달아 찬 물에 적셔서 사용한다.
b) 튜닉(로마 의상) 자락을 사용한다.
c) 신문지를 사용한다.

8. 여러분의 창 끝엔 적을 찌른 다음에는 부러져 나가도록 되어 있는 60 cm 길이의 금속 덩어리가 달려 있다. 그건 무슨 용도일까?
a) 적이 창을 뽑아서 되던지지 못하게 하려고.
b) 행군 중에 주머니에 집어넣어 가지고 다니기 위해.
c) 로마의 대장장이는 금속 덩어리를 창에 붙들어 둘 만한 기술이 없었기 때문이다.

9. 로마의 어느 백인대장(고대 로마 군대의 직책)은 어느 날 "하나 더"라고 말했다. 왜 그랬을까?
a) 그는 병사들에게 행군 중에 노래를 부르게 했다. 병사들이 노래를 마치자 그는 "하나 더"라고 명령했다.
b) 그는 먹을 것에 욕심이 많아

서 1인분으로 만족할 수 없었던 것이다.

c) 그는 자기 병사들을 잔인하게 때리곤 했다. 너무 세게 친 나머지 몽둥이가 부러지자 "하나 더"라고 외친 것이다.

10. 군의관은 환자의 상처를 치료하면서 환자의 비명 소리를 무시했다. 왜 그랬을까?
  a) 환자에게 고통을 주는 것을 즐기기 때문이다.
  b) 병사의 고통 따위는 신경쓰지 않고 작업하도록 훈련을 받았기 때문이다.
  c) 로마인들은 귀머거리만을 의사로 고용했기 때문이다.

답 :
1. b) 2. c) 그렇지만 장차의 황제 행진할 때에는 시내 도로 안가우데로 가지도 했다. 병사, 군단, 병사들을 훈련하는 것이 있어야 잘 공격하든 것. 3. a) 4. b) 그러나 병사들 등 대개 반숙 아내를 두는 있었다. 5. c) 6. b) 그러나 병사들 이 사용할 때에는 이 쓰지 않지 않았다. 즉, 가기 아주 자주 받아서 전 베에는 장갑이 녹슬지 곤란하던 한번 일을 해야 했다. 7. a) 중요 한 이야기에서 금속은 운동으로 를때를 그 곰수기가 사용됐다. 이때를 이기 답아 리와이 미로 문자에 성공하는 것이용동이었다. 8. a) 9. c) 10. b)

영리한 로마 군대

로마 군은 고대 세계 최고의 군대였다. 그들은 적들이 사용하지 않는 무기를 지니고 있었다. 그것은 바로 두뇌였다! 여러분도 그들만큼 두뇌를 사용할 수 있을까?

다음은 로마인들이 극복해 낸 문제들이다. 여러분에게 이런 문제가 닥치면 그들처럼 잘 처리해 낼 수 있을까?

1. 율리우스 카이사르는 갈리아에 군대를 주둔시키고 있었다. 때마침 반란을 일으킨 베네티 족은 로마 전령 두 명을 사로잡아 배를 타고 도망쳤다. 카이사르는 신속하게 배를 건조하게 하고 추적에 나섰다. 베네티 족은 항해에는 능숙했으나 전투에는 약했다. 카이사르에게는 로마 병사들이 베네티 함선에 기어오를 동안 그 배가 도망치는 것을 막을 무기가 필요했다. 당시에는 화약도 없었으며, 당연히 대포나 총도 없었다. 그래서 로마 군은 간단하면서도 아주 효과적인 무기를 사용했는데, 그게 뭐였을까?

2. 브리타니아에서 반란을 일으킨 부디카 여왕을 물리친 다음 로마 군은 이스트 앵글리아(잉글랜드 동부의 옛 이름)의 늪지대로 이동했다. 풀이 무성하게 자랐으나 바닥에는 제법 물이 많았다. 만약 로마 군이 늪지를 허우적거리며 이동했더라면, 그 지역 부족들의 기습을 받았을 것이다. 그 때 이탈리아의 폰티네 늪지가 고향인 어느 장군이 도착했다. 그는 병사들에게 허리까지 물에 잠기지 않고 늪을 건너는 방법을 시범으로 보여주었다. 그는 어떻게 가르친 걸까?

3. 로마 공화국의 초기에 로마 군은 그리스의 피루스 왕과 싸운 적이 있었다. 피루스가 믿었던 것은 코끼리 부대였다. 코끼리들이 로마 병사들을 마구 짓밟아대자 로마 군은 도망쳤다. 그러나 로마 군은 재빨리 대처 방법을 마련했다. 베네벤툼 전투에서 그들은 코끼리의 공격을 방어하는 방법을 찾아 내서 승리를 거두었다. 어떻게 했을까?

4. 정복지의 젊은이들 중 상당수는 로마 군에 입대하고 싶어하지 않았다. 집과 농장, 가족을 떠나 머나먼 곳까지 싸우러 가야 하며, 죽을 수도 있기 때문이었다. 그래서 그들은 칼을 잡을 수 없도록 오른손 엄지를 잘라 버렸다. 칼을 쥘 수 없으면 로마 군에서 싸울 수 없을 것이라는 생각에서였다. 로마 장군들은 이내 청년들에게 속았다는 사실을 깨달았다. 그들의 해결책은 무엇이었을까?

5. 어느 날 로마의 하드리아누스 황제는 공중 목욕탕에 갔다. 노예들은 황제 몸의 때를 정성스럽게 밀었다. 그 때 황제는 어떤 노인이 등을 기둥에다 대고 문지르는 것을 보았다. 노인은 황제의 옛 병사였다. 황제가 그에게 왜 대리석 기둥에 몸을 문지르느냐고 묻자 노인은 노예를 살 돈이 없기 때문이라고 대답했다. 황제는 그에게 노예와 돈을 주었다. 그런데 다음

날이 되자 공중 목욕탕은 기둥에 등을 문지르는 노인들로 바글거렸다! 심지어 황제에게 노골적으로 손을 내미는 사람도 있었다. 여러분이 황제라면 어떻게 할까?

> 답:
> 1. 몸이 굳은 죄인의 팔에 갈고리를 꿰었다. 베네딕트 황제에 하였을 때 그들은 고정으로 강한채 죄인들을 받아올려 매를 못 움직이게 했다. 그림 다음 공중에 매달린 죄인들을 돌려 휘두르는 지쳐서까지 시행
> 2. 장비를 이용하는 것이다. 자주되는 아주 성공적이었다. 그러나 죽지 않게 사람들을 그 높이를 낮출 때 그들이 땅에서 일어나지 않고 고양이 다양한 시험살에 갓혀 날뛰어와 성난 발굽들을 저지르게 차를 물품게 매를 해야어서 경신이 날아간
> 3. 몸이 굳은 채에 시험을 받기 나아갔다. 돈은 나귀리들이 성쟁살한 승노라 하가 끝날 때까지 증언장에 대한 빵이 넘고 있었다. 그들이 감시에도 개리로 듣겠이 풀어돌린 수뿔 큰 곰을 들고 예리로 떨어지가 수단 물기치 살갗지가 있었다. 그들에 풀으로 돌리 아내없다. 조심성자들이 무리 여하이 만들려 매달려리 분되
> 4. 몸은 자리는 것이다. 이런 시온 판판 걸을 다고 잡은 일과 두 자리 돌을 저지할 것이다. 는 장상에 놓는 돌을 짜이 때문이다. 몸이 굳은 자리다 나짜저 편을 귀의 예리 메디리드 쪽의 있다. 그 피해는 당시에 대장을 짜이 있다. 때문이다.
> 5. 이상에서 느꾸 고민들에게 사람이 들을 없이 처지서고 영원하다.

죄와 벌

학교에서 받는 벌도 두려운데 로마의 군대에서 받는 벌이라면 어떨까? 야만족들의 군대는 투우장의 투우처럼 마구잡이로 로마 군을 공격했다. 투우장에서 대개 누가 이기는지는 뻔

하다. 로마 군에는 '규율'이 있었다. 병사들은 언제나 명령받은 대로 행동했다. 만약 아무리 사소한 것이라도 명령을 이행하지 않으면 벌을 받아야 했다. 다음 각각의 죄에 대해 어떤 벌이 가해졌는지 옳게 짝지어 보자.

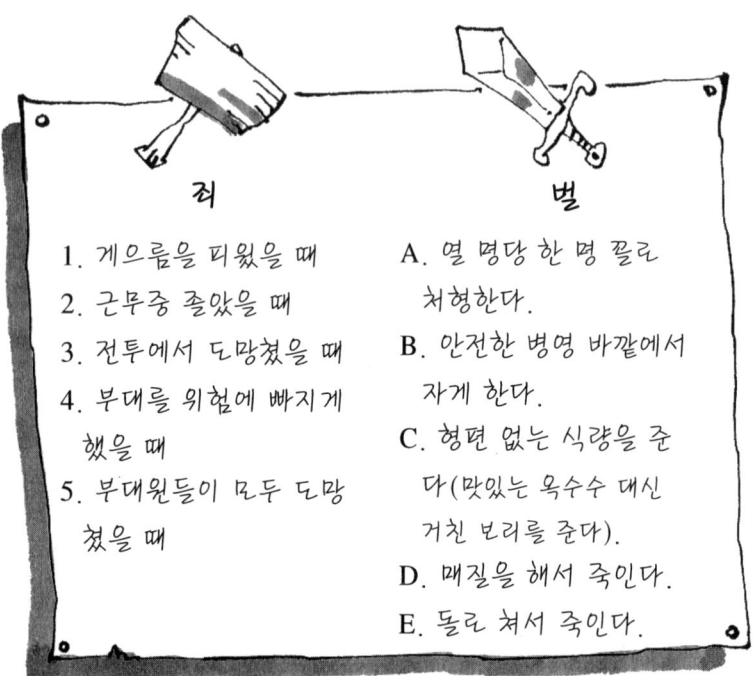

죄

1. 게으름을 피웠을 때
2. 근무중 졸았을 때
3. 전투에서 도망쳤을 때
4. 부대를 위험에 빠지게 했을 때
5. 부대원들이 모두 도망쳤을 때

벌

A. 열 명당 한 명 꼴로 처형한다.
B. 안전한 병영 바깥에서 자게 한다.
C. 형편 없는 식량을 준다(맛있는 옥수수 대신 거친 보리를 준다).
D. 매질을 해서 죽인다.
E. 돌로 쳐서 죽인다.

답:
1. B, 2. C, 3. D, 4. E) 자신이 속한 부대대원들이 돌을 던진다.
5. A) 제비뽑기로 열 명 중 한 명을 정한다.

군 복무의 대가

물론 로마 병사가 되는 것에도 좋은 점은 있었다. 그렇지 않았다면 아무도 로마 군에 입대하려 하지 않았을 테니까! 좋은 점은 뭘까?

1. 군대는 병사들의 봉급 중에서 2/7를 저축해 주었다. 나중에 제대할 때에는 저축금 전액과 약간의 토지를 받을 수 있었다. 은퇴한 뒤에는 편안히 살 수 있는 것이다. 물론 그러려면 오래 살아야겠지만….

2. 정복한 지역에서 약탈을 할 수 있었다. 돈과 가축은 물론 사로잡은 포로들을 노예로 팔아 넘길 수 있었다.

3. 수훈을 세우면 메달은 없었으나 다음과 같은 면류관이 수여되었다.

- **a)** 참나무 이파리 면류관 — 동료 시민의 목숨을 구했을 경우(카이사르는 갓 스무살이 되었을 때 미틸레네에서 이 면류관을 받았다.)
- **b)** 풀을 엮어 만든 면류관 — 포위된 아군을 구해 냈을 경우
- **c)** 금관 — 적의 도시 방벽을 처음으로 넘었을 때

아프면 안 돼!

로마의 의사들은 이렇게 치료했다.

그러나 로마 의사들은 마취를 몰랐다. 그래서 병사들이 그냥 눈 뜨고 있는 채로 치료했다. 그렇다고 몸이 아플 때 이렇게 끔찍하게 나쁜 일만 있는 것은 아니었다. 로마 의사들도 자신들 나름대로 질병을 치료할 약을 만들 줄 알았다. 그러나 그 약에는 역겨운 맛을 없애기 위해 꿀을 섞어야 했다. 약효는 있었냐고? 글쎄….

제국이 되기까지

막강한 로마 군단의 활약으로 로마는 지중해 세계의 주인이 되었다. 포에니 전쟁에서 승리한 뒤 지중해 세계에서 로마를 막을 자는 아무도 없었다. 로마 군은 마케도니아를 물리치고 그리스를 손에 넣었으며, 더 동쪽으로 가서 시리아를 정복했다. 이제 로마의 영토는 이탈리아와 갈리아, 에스파냐, 북아프리카 일대에까지 이르렀으니, 이집트만 빼고는 지중해 연안 전체가 모두 로마의 지배 아래 들어갔다.

이렇게 땅이 아주 넓어지자 그동안 토지 부족에 허덕였던 로마 시민들은 행복했습니다. 그들은 새로 얻은 땅을 공평하게 나누어 가지고 오래오래 평화롭게 잘 살았습니다.

사실 이랬어야 했다. 하지만 그랬다면 로마 제국의 역사는 오늘날 우리에게까지 제대로 전해지지 않았을 거다. 문제가 없는 곳에선 발전도 없다. 먹고 살기 편한 곳에서는 아무 문제가 없으니까 사람들이 머리를 싸매고 고민할 필요도 없다. 옷도 필요없고 언제나 따 먹을 수 있는 과일들이 주렁주렁 열려 있는 아프리카 적도에서 선진 문명이 발생할 수 없는 이유는 바로 거기에 있다.

형제는 용감했다
사람들의 욕심은 한이 없다. 지금도 그렇지만 버는 사람과 쓰는 사람이 다른 게 언제나 문제다. 실제로 로마는 많은 영토를 점령했지만 그 땅이 공평하게 나누어지지는 못했다. 정복

전쟁에서 피와 땀을 흘린 건 평민들이었으나 그 피땀의 대가를 차지한 건 귀족들이었다. 대다수 평민들은 로마 시민이라는 명예만 남았을 뿐 나라의 영토가 늘어날수록 오히려 가난해졌다. 버는 자가 없고 쓰는 자만 많다면 나라가 존속할 수 없다. 기원전 133년에 호민관이 된 티베리우스 그라쿠스는 이렇게 생각했다.

그는 동생 가이우스 그라쿠스와 함께 개혁을 실천했기 때문에 역사에서는 이를 그라쿠스 형제의 개혁이라 부른다. 이 용감한 형제가 직접 남긴 기록은 없지만 다행히도 형제를 어린 시절부터 돌봐 온 어느 하인이 쓴 일기가 남아서 전해진다.

건국 620년(기원전 133년)

첫째 도련님이 드디어 호민관이 되셨다. 평소에 늘 "평민들이 살아야 나라가 산다"고 말씀하셨던 도련님이 이제 가슴에 품은 뜻을 이룰 수 있게 된 거다.
사실 350년 전에 호민관이 처음 생길 때에는 평민 출신으로 호민관을 뽑았는데, 언제부턴가 귀족들이 그 자리를 차지하게 되었다. 귀족들이 우리 평민들의 형편을 봐줄 리 없지. 그동안 호민관은 귀족들의 편에 착 달라붙어서 왜 조상들이 호민관이라는 걸 만들었나 싶을 정도였다.
그러나 도련님은 다르다. 로마의 원수 한니발을 무찌른 스키피오 장군님의 외손자이자 명문 귀족 출신인 도련님이 뭐가 아쉬워서 호민관이 되셨겠는가? 도련님은 이 나라가 점점 귀족들의 손아귀 안에서 썩어 가는 걸 안타까워하셨다. 이제 귀족들은 큰코 다칠 거다.

몇 달 뒤

도련님의 계획은 아주 훌륭했다. 도련님은 귀족들이 자기 땅을 마구 넓혀 가는 게 가장 큰 문제라고 생각하셨다. 그래서 그걸 법으로 제한하려 하셨다.

도련님은 기막힌 법을 만들었다. 로마 시민 어느 누구라도 1000유게라(약 80만 평) 이상의 땅을 가질 수는 없도록 한 거다. 물론 도련님이 마음대로 만든 게 아니라 농지 분배 위원회에서 내린 결정이다. 모두 세 명인 위원회 위원들 중 한 분은 첫째 도련님, 또 한 분은 둘째 도련님이긴 하지만….

아아, 그러나 도련님이 미처 생각하지 못하신 게 있다. 호민관의 임기는 겨우 1년이었고, 재선도 금지되어 있다는 거다. 최소한 내년까지는 호민관을 지내셔야 도련님 신변도 안전하고 개혁도 성공할 텐데….

늙은 하인의 걱정에도 불구하고 티베리우스는 안전하지 못했고 개혁도 성공하지 못했다. 그 이듬해 그는 재선 금지의 전통을 어기고 호민관 선거에 다시 나섰다. 그가 시동을 건 개혁은 1, 2년의 임기로 마무리지을 수 없는 것이었기 때문이다.

그러나 불행히도 선거 당일 그의 재선을 두려워하던 원로원은 폭도들을 시켜 그를 살해하고 말았다. 그의 나이는 겨우 스

물아홉이었다. 그가 피워 올린 개혁의 불꽃은 동생인 가이우스가 이어받았다. 10년 뒤, 그는 형의 뒤를 이어 호민관에 선출되었다. 하인의 일기는 계속된다.

건국 630년 (기원전 123년)

둘째 도련님이 호민관이 되셨지만 이제는 기쁜 마음보다 걱정이 앞선다. 형님을 가장 존경하는 도련님이니 형님의 개혁을 이루려 할 건 뻔한데, 문제는 귀족들이 여전히 반대한다는 거다. 한 가지 다행스런 점은 첫째 도련님이 새로운 전통을 만들어 놓은 덕분에 이젠 호민관도 재선될 수 있게 된 건데…. 둘째 도련님은 형님의 최후를 본 터라 행동거지가 훨씬 신중하시다. 요즘 도련님은 매일 기사들을 만나고 다니신다. 기사들은 평민들 중 출세한 계층인데 도련님의 뜻에 다들 공감하는 눈치다.

건국 632년 (기원전 121년)

도련님이 다시 호민관 선거에 출마하셨다. 지난 해에 거뜬히 재선에 성공하셨으니 이번에 당선되면 삼선으로 로마 신기록이다.

기사들의 지원을 얻은 도련님은 귀족들도 무시하지 못할 만큼 세력을 키우셨다. 도련님은 기사들에게 세금 징수권을 주면서 그들을 도련님 편으로 끌어들였다. 게다가 도련님은 땅이 없고 가난한 평민들을 위해 양식을 국가에서 무료로 나누어 주는 정책을 실시하셨다. 로마는 왕정을 두려워하지만 도련님 같은 분은 로마의 왕, 아니 로마의 황제가 되셔야 한다.

그러나 가이우스는 호민관 삼선에 실패했다. 그의 지지 세력이었던 기사들이 분열되었기 때문이다. 의욕은 좋았으나 그가 로마 시민권을 확대하려 한 것은 기사들의 반발을 샀다. 하긴, 누가 자기 특권을 남들에게 나누어 주고 싶어하겠는가?

또 그는 수많은 로마 시민들을 해외 식민지로 이주시키고 해외 영토를 무상으로 주었는데, 이는 귀족들의 큰 반발을 불렀다. 10년 전 티베리우스 때도 그랬듯이 토지 소유 문제는 늘 귀족들의 가장 주요한 관심사였던 것이다. 가이우스가 삼선에 실패하자 원로원은 폭도들을 시켜 그를 살해하려 했다. 그러나 가이우스는 폭도들의 손에 죽기 전에 자살로 삶을 마쳤다.

군사 독재 시대

그라쿠스 형제의 개혁 정책이 실패로 끝나면서 로마에는 치열한 당파 싸움이 벌어졌다. 이런 싸움에는 대개 승리하는 자가 정해져 있다. 누굴까? 바로 군인들이다.

로마의 장군들은 저마다 자기 군대를 거느리고 있었다. 당시에는 오늘날처럼 군대가 조국을 위해 싸우는 게 아니라 섬기는 장군을 위해 싸웠다. 그러니까 강한 군대를 가진 장군은 그만큼 권력도 컸다. 이런 장군들이 반란을 일으키면 안 되니까 로마의 귀족들은 변방의 장군들이 이탈리아로 들어올 때에는 군대를 거느리고 오지 못 하도록 법으로 정했다.

정치가 순조롭게 이루어질 때에는 장군들도 그 법을 어기려 하지 않았다. 그들은 정치란 귀족들이나 하는 것이라고 생각했다. 그러나 귀족들이 저마다 욕심이나 부리고 패를 갈라 당파 싸움이나 벌이자 장군들도 정치에 참여할 욕심이 생겼다.

장군으로서 처음 권좌에 오른 사람은 마리우스였다. 그는 유능한 장군이었으나 정치는 전혀 몰랐다. 그런데도 그가 권력을 잡게 된 이유는 강력한 군대를 가지고 있었기 때문이었다. 그는 원로원도 무시하고 독재를 일삼았다. 로마인들은 그토록 싫어하던 왕을 다시 모시게 된 셈이었다.

독재자 마리우스는 모든 권력을 쥐고서도 오로지 군대만을 생각했다. 그는 자기 군대의 지휘관과 병사들에게 특급 대우를 해 주었다. 자연히 병사들은 그에게 충성을 다했다. 심지어 그의 병사들은 '마리우스의 노새'라는 별명까지 얻었다.

그러나 정치를 전혀 모르는 마리우스가 로마의 지배자로 남는 데는 한계가 있었다. 얼마 못 가서 그의 부하였던 술라가 그를 밀어 내고 권력을 빼앗았다. 술라는 아시아에서 일어난 반란을 진압한 뒤 로마의 국민적 영웅으로 떠올랐다. 이제 귀족들의 눈치는 볼 것도 없었다. 술라는 스스로 종신독재관이라는 직위를 만들어 공식적인 독재 정치를 실시했다.

정치적인 적들은 모조리 죽여 버리는 공포 정치로 정권을 유지했던 술라도 하늘이 내린 수명은 어쩔 수 없었다. 기원전 78년, 술라가 죽으면서 로마는 다시 술렁거렸다. 절대 권력자가 사라졌으니 이제 로마는 어떻게 될까?

카이사르의 등장

술라가 죽은 뒤 로마에는 두 가지 전통이 생겨났다. 첫째, 공화정은 이름만 남았고 사실상 무너졌다. 이제 로마는 한 사람이 다스려도 된다. 둘째, 로마의 지배자는 장군이어야 한다. 즉, 로마는 군인 출신의 왕이 지배하는 왕국이라는 것이었다.

그러나 아직 술라의 지위를 이을 만한 인물은 등장하지 못했다. 그래서 당시 실력자로 떠오른 세 사람은 서로 다투지 않기로 약속하고 공동으로 독재정치를 하기로 했다. 역사에서는 이를 3두 정치라고 부르는데, 이들 3두의 면모를 보자.

술라의 후계자로 먼저 떠오른 것은 폼페이우스와 크라수스. 둘은 기원전 70년에 함께 집정관(정치의 최고 책임자)이 되었다. 폼페이우스의 특기는 군대, 크라수스의 특기는 돈이었다.

여기에 내세울 게 아무 것도 없는 카이사르가 끼어들 수 있었던 것은 순전히 그의 뛰어난 머리와 정치적 판단력의 덕분이다. 그는 폼페이우스와 크라수스 중 어느 한 명이 크게 앞서지 못하는 상황을 교묘히 이용해서 3두의 하나로 뛰어들었다.

기호 1번

이름 : 폼페이우스
경력 : 불 끄는 일을 전문으로 함. 시칠리아, 아프리카, 에스파냐의 반란 진압. 에스파냐에서 돌아오는 길에 스파르타쿠스의 노예 반란 진압. 아시아의 반란 진압.
별명 : 떠돌이 소방관
특기 사항 : 단순무식한 성격이지만 힘 하나는 끝내줌. 또한 자기 병사들에 대한 애정은 아주 유별나서 병사들은 그를 충직하게 따르고 있다.

기호 3번

이름 : 율리우스 카이사르
경력 : 보잘것없음. 집안이 마리우스 계열이어서 술라 지배 시절에는 피해 다니기에 급급했음.
별명 : 넘버 쓰리
특기 사항 : 정치 감각 하나만큼은 아주 뛰어남. 세 명 중 가장 나이가 어리고 경력이나 배경이 보잘것없는데도 3두의 한 사람으로 끼어든 걸 보면 알 수 있다.

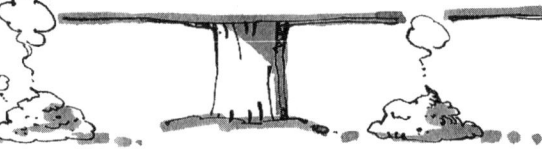

기호 2번

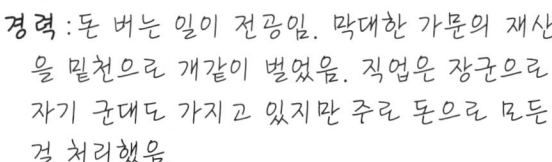

이름 : 크라수스
경력 : 돈 버는 일이 전공임. 막대한 가문의 재산을 밑천으로 개같이 벌었음. 직업은 장군으로 자기 군대도 가지고 있지만 주로 돈으로 모든 걸 처리했음.
별명 : 복부인, 무늬만 장군
특기 사항 : 재산을 모으는 솜씨가 탁월하다. 그는 소방대를 직접 소유하고 있다. 로마 시에서 불이 나면 그의 소방대가 출동한다. 불을 끄기 전에 먼저 불난 곳의 집 주인과 협상을 한다. 협상이 이루어지면 불을 끈 다음 그 집을 싼 값에 사들이고 협상이 실패하면 소방대는 그냥 불 구경이나 한다.

기원전 61년, 서로 속셈이 다른 이들 세 명은 3두 정치를 하기로 약속했다.

3두 중 가장 처지는 위치였던 카이사르는 자신에게 무엇보다 필요한 건 바로 군대 경력이라고 생각했다. 때는 군인들이 판치는 시대였으므로 특별한 전공을 세우지 못하면 로마 시민들의 인기를 얻을 수 없다고 여긴 것이다. 그래서 그는 반란이 자주 일어나던 갈리아와 그 때까지 로마가 좀처럼 손에 넣지 못하던 브리타니아(지금의 영국)를 정복하라는 원로원의 제안을 기꺼이 받아들였다. 그러나 거기서 그는 생각지도 못했던 강적을 만나게 된다.

카이사르 vs 베르킨게토릭스

베르킨게토릭스는 카이사르의 갈리아 정복이 끝날 즈음 로마 군에 저항했던 갈리아 군의 영웅이다. 기원전 52년, 이 두 명의 영웅은 역사상 길이 남을 전투를 벌인다. 베르킨게토릭스는 로마에게 갈리아를 내줄 수 없는 입장이고, 카이사르는 350년 전 로마시를 함락당했던 치욕을 씻을 기회이자 전공을 쌓아 로마 시민들에게 스타가 될 수 있는 좋은 기회다. 자, 베르킨게토릭스는 막강한 로마 군을 맞아 어떻게 대항했을까?

1. 베르킨게토릭스는 부족장들을 매일 만나 카이사르와의 전쟁을 계획했다. 그런데 한 족장이 그의 주장에 반대한다. 그는 어떻게 했을까?

a) 그에게 이렇게 타이른다. "로마를 물리치려면 우린 힘을 합쳐야 해. 그러니 나를 믿고 따라 주게. 뭉치면 살고 흩어지면 죽는다는 걸 명심하게."

b) 이렇게 화를 낸다. "내 의견에 반대한다면 다른 지도자를 찾아 보게나. 나 혼자서 카이사르와 싸울 테니. 카이사르를 물리친 다음은 자네야. 후회하게 될걸!"

c) 화를 내지는 않고, 그 대신 그의 귀를 자르고 눈알을 도려낸다. 그리고 이런 편지와 함께 그의 부족으로 그를 돌려보낸다. "베르킨게토릭스에게 반대하면 이렇게 된다!"

2. 멀리 원정을 떠난 카이사르는 보급품을 한참 동안 보급받지 못했다. 그는 병사들과 말을 먹일 양식이 필요했다. 그래서 로마 군은 비투리게스 족 영토의 갈리아 마을들에서 식량을 약탈했다. 베르킨게토릭스는 어떻게 대응했을까?

a) 마을들을 모두 불태우고 사람들을 다른 부족의 영토로 보냈다.
b) 마을의 식량을 모두 없애고 사람들은 그대로 두었다.
c) 마을들을 불태우고 사람들은 모두 수도인 아바리쿰으로 보냈다.

3. 베르킨게토릭스의 작전이 먹혔다. 카이사르는 식량을 구하기 위해 필사적이다. 그는 그 지역의 곡물 집산지인 아바리쿰으로 갔다. 갈리아는 아바리쿰을 어떻게 방어했을까?

a) 나무 성벽을 세웠다.
b) 돌로 성벽을 쌓고 그 앞에 해자를 파 놓았다.
c) 벽돌로 성벽을 쌓았다.

4. 로마 군은 바퀴가 달린 탑을 세워 성벽을 넘으려 한다. 탑이 성벽에 닿으면 꼭대기에서 성벽 위를 잇는 가교를 설치할 작정이다. 갈리아는 어떻게 대처했을까?

a) 성벽 안쪽에 더 높은 탑을 세우고 로마 군의 머리 위로 불덩어리를 던졌다.
b) 마을에서 나와 로마 군의 탑을 공격했다.
c) 도망쳤다.

5. 카이사르는 성벽 앞의 해자(성 주위에 둘러 판 못) 때문에 탑을 성벽 가까이로 가져갈 수 없었다. 그래서 병사들을 시켜 나무를 해 오게 했다. 통나무들을 해자에 밀어넣어 해자를 메우려는 것이다. 갈리아는 그것을 어떻게 막았을까?

a) 성벽 아래에 굴을 파서 통나무에 불을 질렀다.
b) 항복했다.
c) 기습 부대를 보내 로마 군의 도끼를 빼앗아서 나무를 자르지 못하게 했다.

6. 로마 군은 탑을 성벽에 가까이 가져가는 데 성공했다. 탑에 불을 지르고 싶지만 로마 군은 영리하게도 탑에 가죽을 씌워 놓아 여의치 않았다. 무엇을 던져 공격했을까?

a) 말의 시체
b) 끓는 기름과 타르
c) 찬 물

7. 온갖 노력에도 불구하고 로마 군은 성벽까지 왔다. 그들은 성벽에 갈고리를 걸고 거기에 매달린 밧줄을 타고 들어오려 했다. 어떻게 막았을까?

a) 갈고리를 빼서 던져 버렸다.
b) 갈고리를 잡아당겨 적들을 성 안으로 들어오게 했다.
c) 적이 성을 기어오를 때까지 기다렸다가 다 올라오면 죽였다.

8. 로마 군이 공격하는 도중에 비가 내렸다. 어떻게 했을까?

a) 비가 그칠 때까지 대피하면서 로마 군도 그렇게 해 주기를 바랐다.

b) 몸이 젖어도 계속 싸웠다.

c) 로마 군에게 날씨가 갤 때까지 휴전하자고 했다.

9. 로마 군은 아바리쿰 시내까지 왔다. 그들은 남자든, 여자든, 아이든 보이는 대로 살육했다. 베르킨게토릭스는 어떻게 했을까?

a) 항복했다.

b) 죽을 때까지 싸웠다.

c) 뒷구멍을 통해 최고의 전투병들을 탈출시켰다.

10. 베르킨게토릭스는 안전한 알레시아에 도착했다. 그러나 로마인늘은 계속 추격했다. 이제 갈리아인은 한데 모여 제법 수가 많아졌다. 베르킨게토릭스는 어떻게 했을까?

a) 사방으로 군대를 보내 다른 갈리아 부족들에게 도움을 청하고 나머지 병사들로 알레시아를 방어했다.

b) 알레시아에서 모든 병사들과 다 같이 지원군이 오기만을 기다렸다.

c) 군대는 알레시아에 남겨두고 혼자 나와 지원을 요청했다.

베르킨게토릭스의 10단계 작전, 또는 문제의 해답

1. c) 베르킨게토릭스는 자신의 약점을 내보일 수 없었다. 안 그러면 다른 족장에게 죽음을 당할지도 모르기 때문이다. 그래서 부탁하거나 화내지 않았다. 그 대신 단호함을 보여 주기 위해 반대하는 자에게 시범을 보였다.

2. c) 베르킨게토릭스는 한 가지 실수를 저질렀다. 그는 식량을 없애고 마을 사람들을 그대로 두고 떠나는 것을 선택하지 못했다. 로마 군이 아내와 아이들을 사로잡고 있다는 것을 알면 갈리아 전사들이 싸우지 못할까 봐 걱정했기 때문이었다. 사실 그는 식량과 마을을 모두 파괴했어야 했다. 만약 여러분이 a)를 답으로 택했다면, 여러분은 베르킨게토릭스보다 잔인하긴 하지만 더 뛰어난 지도자라고 할 수 있다. 그러나 비투리게스족은 아바리쿰에 자부심을 가졌다. 그들은 베르킨게토릭스에게 도시를 파괴하지 말라고 부탁했다. 마음이 약해진 그는 동의하고 말았다. 이미 그 때 그의 운명은 정해진 것이다.

3. b) 베르킨게토릭스는 로마 군과 오랫동안 싸웠으므로 싸우는 방법을 알고 있었다. 로마 군은 나무 성벽이나 벽돌 성벽은 쉽게 불태우거나 무너뜨렸다. 최선의 방법은 단단한 돌로 벽을 쌓고 앞에 해자를 파는 것이었다.

4. a) 카이사르는 아바리쿰의 튼튼한 성벽에 겁먹지 않고 탑을 세우기 시작했다. 미리 이를 예상했던 베르킨게토릭스는 포기하지 않았다. 물론 안전한 도시에서 나와 들판에서 로마 군을 공격하는 짓도 하지 않았다. 그것은 바로 로마 군이 바라던 바였기 때문이다. 그래서 그는 성벽 안에다 더 높은 탑을 세우게 했다.

5. a) 카이사르는 통나무로 해자를 메웠다. 베르킨게토릭스는 그것을 저지하지 못했으나 항복하지도 않았다. 비투리게스

족은 원래 철의 채굴에 능했으므로 굴을 잘 팠다. 그들은 통나무들 밑으로 굴을 파 통나무에 불을 놓았다. 이리하여 로마 군의 공격을 늦출 수는 있었으나 완전히 저지하지는 못했다.

6. b) 갈리아 병사들은 로마 군의 탑 건설 속도를 지연시키려면 단단한 물건으로는 불가능하다는 것을 알았다. 액체라면 어떠한 틈으로든 흘러 들어갈 수 있었다. 그러나 찬 물은 적에게 피해를 주지 못했으므로 끓는 기름과 타르를 사용했다.

7. b) 로마 군은 강인한 데다 몹시 굶주려 있었다! 그들은 갈고랑쇠를 이용하여 성벽을 기어오르기 시작했다. 그것을 뽑아서 되던져 봤자 소용이 없었다. 그러면 로마 병사들이 즉시 다른 지점에다 걸고 올랐기 때문이다. 또 적의 수가 너무 많아 꼭대기에 오른 적을 죽인다 해도 기어오르는 것을 막을 수는 없었다. 영리한 베르킨게토릭스는 갈고리를 끌어올려 로마 군의 무기를 빼앗았다.

8. a) 아바리쿰에 폭풍우가 닥치자 베르킨게토릭스의 병사들은 어리석은 행동을 했다. 그들은 당연히 전투를 계속해야 했다. 로마 군은 비 때문에 공격을 중단하지 않았으며, 그러기

를 기대하는 것 자체가 무리였다. 갈리아의 방어군은 비를 피해 도망쳤고, 로마 군은 성벽을 넘었다.

9. c) 베르킨게토릭스는 아바리쿰 전투에서 패배한 것을 알았으나 그렇다고 전쟁이 아주 끝난 것은 아니었다. 그는 항복할 수 없었다. 가만히 앉아 죽음을 기다릴 수도 없었다. 아직 싸울 만한 갈리아 군대들은 남아 있었기 때문이다. 따라서, 싸울 수 있는 병사들을 데리고 도망쳐야 했다. 그러나 뒤에 남아 살육당할 여자들은 그 생각에 동의하지 않았다. 여자들이 울고불고 난리를 치는 바람에 탈출 계획이 로마 군에게 알려졌다. 그들은 황급히 탈출로를 차단했다. 로마 군은 4만 명의 아바리쿰 시민들을 학살했다. 베르킨게토릭스와 800명의 병사들만이 간신히 탈출하여 후일을 기약할 수 있었다.

10. a) 베르킨게토릭스는 새로운 대군을 거느리고 알레시아의 안전 지대에 도착했다. 계속 군대를 그 곳에 주둔시켰다면 식량이 금세 다 바닥나서 지원군이 오기도 전에 굶어 죽었을 것이다. 그렇다고 혼자서 10여 개나 되는 부족들을 찾아가 지원을 요청할 수는 없는 일. 그래서 그는 도시를 방어할 병력만 남겨 두고 여러 갈리아 부족에 부하들을 파견했다.

그 계획은 성공했다. 이윽고 갈리아의 대군이 도착했다. 그러나 로마 군이 도시를 포위하고 있었으므로 알레시아의 병사

들은 밖으로 나올 수 없었고 새로 온 갈리아 군도 안으로 들어갈 수 없었다. 그러자 그들은 포기하고 돌아가 버리고 말았다.

베르킨게토릭스는 고립무원이었다. 그는 자기 부족에게 자신의 처분을 맡기고 마음대로 하라고 했다. 갈리아인들은 베르킨게토릭스를 산 채로 사로잡고 싶어하던 로마인들에게 그를 넘겼다. 기원전 45년, 그는 로마 군에 사로잡혀 로마 시내를 행진하고는 처형되었다. 이로써 대륙의 켈트족은 몰락했다. 그 후 그들은 유럽의 해안에서 멀리 떨어진 섬들로 옮겼는데, 그곳이 바로 브리타니아 제도였다. 내친 김에 켈트인을 모조리 섬멸하고자 했던 카이사르는 브리타니아를 침공했다.

결국 베르킨게토릭스의 패배는 곧 로마의 브리타니아 침공을 부른 셈이었다. 만약 베르킨게토릭스가 아바리쿰을 파괴해 버렸더라면, 로마 군은 브리타니아를 점령하지 못했을 것이다.

주사위는 던져졌다!

 카이사르가 갈리아와 브리타니아를 평정하고 돌아온다는 소식에 로마 원로원의 귀족들은 불안해했다. 로마의 영토가 늘었는데, 웬 불안? 그들은 카이사르의 힘이 너무 강해지는 게 두려웠던 것이다. 아닌게 아니라 이미 로마 시민들 사이에서는 카이사르가 최고 인기였다. 이제 카이사르는 그토록 바라던 스타가 되었다!

 기원전 49년, 카이사르의 군대는 로마와 갈리아의 경계선인 루비콘 강에 이르렀다. 법에 따르면 로마의 장군은 누구나 이 경계선을 넘을 때에는 자기 군대를 해산시켜야 했다. 그래야만 반란을 일으키려 한다는 오해를 면할 수 있었다. 원로원은 카이사르가 군대 없이 로마로 돌아오면 그를 잡아 가둘 작정이었다. 카이사르도 이 점을 잘 알고 있었다. 그는 강물을 바라보며 고민에 빠졌다. 어떡해야 하나?

 결국 그는 군대를 몰고 로마를 정복하기로 결심했다. 8년 동안이나 갈리아에서 험한 전투를 치른 그의 군대를 막아 낼 자는 아무도 없었다. 더구나 그 기간 동안 카이사르는 자기 병사들에게서 커다란 존경을 받았다.

순식간에 로마를 손에 넣은 카이사르는 로마 방송국의 예쁜 여자 아나운서와 인터뷰를 했다. 그는 이제 로마의 전국민적 스타니까!

아나운서: 루비콘 강에서 마음 고생이 퍽 심하셨지요?
카이사르: 그랬습니다. 법을 따르자니 병사들이 울고, 병사들의 뜻을 따르자니 법이 울 것 같았죠.
아나운서: 그래도 그 때 용기 있는 결정을 내리셔서 오늘이 있지 않습니까? 그 당시의 심정을 어떻게 표현하시겠어요?
카이사르: 난 그 때 주사위를 생각했어요.
아나운서: 주사위라면…그걸 굴려서 결정을 하셨나요, 던져서 하셨나요?

전하는 소문에 따르면 그 예쁜 여자 아나운서는 그 다음날 처형되었다고 한다. 카이사르는 주사위가 아니라 머리를 굴렸을 뿐이다. 이렇게 멋진 말을 남기려고.
"주사위는 던져졌다!"

황제가 되려 한다

3두 정치는 무너졌다. 카이사르가 로마로 쳐들어오자 폼페이우스는 재빨리 남쪽으로 도망쳐서 바다를 건너 그리스로 갔다. 크라수스는 어떻게 됐느냐고?

크라수스는 카이사르가 갈리아에 있을 때 죽었다. 카이사르가 전공을 세우자 크라수스도 그를 본받아 멀리 아시아에서 경력을 쌓으려 했다. 그러나 당시 아시아, 지금의 이란 땅에는 파르티아라는 강국이 있었다. 중국 역사서에는 파르티아가 안식국(安息國)이라고 기록되어 있는데, 편안히 쉰다는 뜻이다. 그러나 파르티아는 편안히 쉴 수 있는 상대가 아니었다. 크라수스는 파르티아를 정복하려 하다가 참패하고 전사했다(이후 로마는 두고두고 파르티아 때문에 고생하게 된다).

폼페이우스만 잡으면 세상은 내 것이다! 이렇게 생각한 카이사르는 그를 찾아 그리스로 건너갔다. 폼페이우스는 자신의 근거지가 있는 에스파냐로 가려 했으나 이미 에스파냐도 카이사르가 손을 써 둔 상태였다. 절망한 폼페이우스는 다시 이집트로 도망쳤다. 그러나 이집트의 지배자들은 자기들이 어느 편에 서야 하는지 잘 알고 있었다. 결국 그는 그들에게 잡혀 목숨을 잃었다.

적을 모두 제거한 카이사르는 왕이 되고 싶었다. 그러나 왕을 싫어하는 건 로마 시민들의 뿌리깊은 전통이었으므로 그는

이름만 살짝 바꿨다. 종신독재관이 된 것이다. 사람들은 그게 바로 왕이 아니냐고 수군거렸지만 크게 불만을 나타내지는 않았다. 카이사르는 여전히 최고 스타였을 뿐 아니라 로마는 바야흐로 번영기를 맞았기 때문이다.

이제 카이사르의 숙제는 단 한 가지! 아시아의 강적으로 떠오른 파르티아를 꺾는 것이었다. 크라수스의 원수를 갚는 일도 중요하지만 그들은 크라수스를 죽이면서 로마 군의 군기마저 빼앗아 갔다. 예나 지금이나 군대를 상징하는 깃발을 빼앗긴다는 건 참을 수 없는 치욕이었다.

그러나 파르티아 원정을 준비하던 그에게 생각지도 못한 일이 일어났다! 로마 시민들은 그를 좋아했지만 귀족들은 그렇지 않았다. 왕을 가장 싫어하는 것은 시민들이 아니라 귀족들이었던 것이다. 그들은 카이사르가 왕이 되면 자기들이 누린 모든 특권이 없어질 거라고 생각했다. 그래서 기원전 44년 3월 15일, 그들은 카이사르를 암살했다! 카이사르는 정말 왕이 되려 했던 것일까?

카이사르의 불행한 최후

1. 카이사르가 종신독재관으로 선출된 것은 단지 '왕'이라는 끔찍한 말의 다른 표현일 뿐이었다.

2. 카이사르는 왕만이 신을 수 있는 붉은 장화를 신었다.

3. 카이사르의 부하였던 마르쿠스 안토니우스는 어느 연회장에서 카이사르에게 조그만 왕관을 씌워 주었다. 그 때 카이사르는 이것을 다시 벗었는데, 이는 그가 왕이 되려 하지 않는다는 표시였을까? 그가 왕관을 벗자 군중은 갈채를 보냈다. 그러나 카이사르와 안토니우스는 분위기를 알아 보려고 그런 게 아니었을지? 만약 그가 왕관을 썼을 때 사람들이 갈채를 보냈다면 어떻게 되었을까?

4. 기원전 44년 3월 15일, 카이사르는 원로원(로마의 의회)에서 연설하기로 되어 있었다. 그는 연설을 마친 뒤 곧장 부대를 이끌고 파르티아 원정에 나설 예정이었다. 전쟁 중에는 부하들에게 둘러싸여 있으므로 아무도 그를 죽일 수 없었다. 따라서 그를 죽일 기회는 3월 15일 하루뿐이었다.

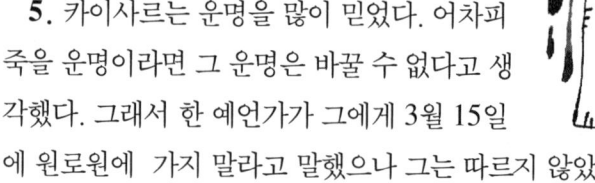

5. 카이사르는 운명을 많이 믿었다. 어차피 죽을 운명이라면 그 운명은 바꿀 수 없다고 생각했다. 그래서 한 예언가가 그에게 3월 15일에 원로원에 가지 말라고 말했으나 그는 따르지 않았다.

6. 카이사르의 아내도 그에게 그 날 원로원에 가지 말라고 부탁했다. 악몽을 꾸었는데 무슨 일이 일어날 듯한 느낌을 받았다는 것이다. 그래도 그는 따르지 않았다.

7. 3월 15일 아침, 카이사르는 사실 몸이 너무 아파 원로원에 가기 어려울 정도였다. 집을 나설 때에는 상태가 더 나빴다.

8. 로마의 역사가 플루타르쿠스는 이런 비장하고 처참한 이야기를 들려 준다.

> 카이사르가 원로원에 갔을 때 의원들은 모두 존경의 표시로 자리에서 일어났다. 사람들이 그와 인사를 나누는 동안 브루투스 일당은 슬쩍 그의 의자 뒤로 갔다. 킴베르가 카이사르의 옷을 양손으로 잡아당겼다. 이것이 공격 신호였다.
> 카스카가 맨 먼저 찔렀다. 카이사르는 목에 상처가 났지만 깊지 않았으므로 몸을 돌려 칼을 잡고 저항할 수 있었다.
> 사람들은 경악했다. 그들은 하도 놀라서 달아나지도, 카이사르를 돕지도 못하고 가만히 있었다. 암살자들은 그의 칼을 빼앗았다. 그들은 카이사르를 빙 둘러싸고 마치 짐승을 포위한 사냥꾼들처럼 마구 찔러댔다. 브루투스는 카이사르의 사타구니를 찔렀다. 카이사르는 브루투스를 믿고 있었다.
> 이런 얘기도 있다. 카이사르는 자신을 잘 방어했다. 그런데 브루투스가 단검을 들고 가까이 오는 걸 보고는 옷을 머리 위로 벗어 던지고 주저앉았다는 것이다. 암살자들은 카이사르를 옛날 그의 적수였던 폼페이우스의 조각상이 있는 곳으로 밀어붙였다. 덕분에 그 조각상은 피로 물들었다.
> 카이사르는 모두 스물세 군데의 상처를 입었다. 한 사람을 찌르기 위해 많은 칼들이 난무한 탓에 암살자들은 서로의 칼에 찔려 상처를… 입기도 했다.

9. 음모자들은 브루투스를 지도자로 선택했다. 브루투스는 로마에서 인기가 대단했다. 그는 정직하기로 소문난 사람이었다. 따라서 그가 카이사르를 죽이면 로마인들은 음모자들이 정직하다고 여길 터였다. 그들은 카이사르의 암살이 시민의 이익을 위한 것으로 여겨지기를 바랐다.

10. 3월 14일 저녁, 누가 카이사르에게 "어떤 형태의 죽음을 좋아하십니까?"라고 묻자 카이사르는 "갑작스런 죽음"이라고 대답했다. 그 소망은 이뤄졌다.

그러나 암살자들은 한 가지 큰 실수를 저질렀다. 마르쿠스 안토니우스를 살려 둔 것이었다. '정직한' 브루투스도 그게 잘못이라고 말했다. 그들은 단지 사악한 카이사르가 왕이 되는 것을 막기 위해 거사한 것이었다. 그러나 안토니우스는 보복에 나서 암살자들을 죽였다. 브루투스는 기원전 42년에 필리포스에서 안토니우스에게 패배한 뒤 자살했다.

 파르티아 원정을 앞두고 카이사르는 유언장을 다시 작성했다. 유언장에서 그는 재산의 대부분을 누이의 외손자인 옥타비아누스라는 청년에게 물려주었다. 아들이 없었던 그는 옥타비아누스를 양아들로 삼았다(손자를 아들로 삼은 건 이상하지만 고대 로마에선 그럴 수 있었다). 만약 카이사르가 왕이 되려 했다면 그것은 아주 좋은 선택이었다. 옥타비아누스는 왕 정도가 아니라 로마의 초대 황제가 되었기 때문이다.

로마 제국이 탄생하다

 상관의 암살범들을 처단한 안토니우스는 충직한 군인이긴 했으나 정치가로서 뛰어난 인물은 못되었다. 오히려 정치적 감각은 서툴러 로마에 온 열아홉 살의 옥타비아누스가 더 뛰어났다. 그는 일리리쿰(지금의 유고슬라비아 연방 공화국)에 있다가 막대한 유산이 그의 몫이라는 소식을 듣고 로마로 달려왔다.

하지만 겨우 열아홉 살에 한 나라의 지도자가 될 수는 없었다. 그래서 그는 양아버지인 카이사르처럼 다시 3두 정치를 만들었다. 그와 더불어 3두를 이룬 인물들은 안토니우스와 당시 로마에서 명성이 높았던 늙은 장군 레피두스였다. 안토니우스는 동부 지중해와 아시아 식민지, 옥타비아누스는 서부 지중해와 에스파냐, 레피두스는 북아프리카를 각각 맡아 다스렸다. 그러나 다른 두 사람은 3두 정치에 만족했지만 옥타비아누스는 그렇지 않았다. "아직 내 나이가 어리니까 내가 더 자랄 때까지만…." 그의 속셈은 이랬다.

스물일곱 살이 되자 옥타비아누스는 슬슬 움직이기 시작했다. 그는 늙은 레피두스를 설득 반 협박 반으로 자기 편으로 만들었다. 안토니우스는 점점 불안해졌다. 그는 마침 파르티아와의 전쟁에서 지는 바람에 로마 시민들의 신망을 잃은 터였다. 불안이 두려움으로 바뀌자 안토니우스는 이집트로 도피했다. 그곳에는 오늘날까지 미녀의 대명사로 알려진 클레오파트라가 있었다. 그녀는 일찌기 카이사르가 폼페이우스를 추격하면서 이집트에 왔을 때 그와 사랑했던 사이였다. 안토니우스는 사랑마저도 존경하는 상관을 본받으려 했던 걸까?

그가 이집트로 간 것은 옥타비아누스에게는 좋은 기회였다. 당시 지중해를 빙 둘러싼 로마의 영토는 딱 한 군데에서 끊겨 있었다. 그게 바로 이집트였다. 비록 이집트는 로마의 명령을 따르고 있긴 했지만, 아직 로마의 식민지는 아니었다.

기원전 31년, 옥타비아누스는 드디어 이집트 원정을 떠났다. 안토니우스와 클레오파트라의 군대는 그리스 부근의 악티움이라는 바다에서 로마 함대에 맞섰다. 그러나 변변한 싸움 한 번 해 보지 못하고 옥타비아누스에게 패하고 말았다.

안토니우스와 클레오파트라는 다시 이집트로 도망쳤고 옥타비아누스는 그 뒤를 추격했다. 옥타비아누스가 이집트에 상륙했다는 소식을 들은 안토니우스는 자살로 삶을 마쳤고, 며칠 뒤 클레오파트라가 그의 뒤를 따랐다. 이것으로 3,000년 이상의 오랜 역사를 자랑하던 이집트 왕국은 멸망했다. 이집트의 마지막 왕은 바로 클레오파트라였다.

그로부터 4년 뒤 어느 날 옥타비아누스는 〈로마 일보〉의 1면 톱기사를 장식했다.

로마일보
건국 726주년 기념 특집판

최고 시민이 되신 옥타비아누스 장군님

위대하신 카이사르님의 양아드님이시며, 위대하신 카이사르님의 상속자이시며, 위대하신 카이사르님의 뒤를 따라 3두 정치를 조직하신 분이시며, 위대하신 카이사르님의 뒤를 따라 3두 정치를 통일하신 분이시며, 위대하신 카이사르님의 이름을 따서 가이우스 율리우스 카이사르 옥타비아누스로 이름을 바꾸신 분이시며, 위대하신 카이사르님의 위업을 이어받아 이집트를 정복하신 옥타비아누스 장군님께 오늘 로마의 최고 시민이라는 영예로운 직위가 수여되었다.

로마 원로원은 옥타비아누스 장군님께 월계수관과 방패, 그리고 로마와 식민지의 모든 지배권을 드렸다. 아울러 이제부터는 장군님을 아우구스투스라는 호칭으로 부르도록 했다. 글을 배우지 못한 시민들을 위해 설명하자면 아우구스투스란 '존엄한 분'이라는 뜻이다.

또한 위대하신 카이사르님께서 7월의 이름이 되신 데 이어 아우구스투스님은 8월의 이름이 되셨다. 하지만 그렇다고 해서 아우구스투스님이 8월에만 최고 시민인 것은 아니니까 주의하기 바란다.

로마인들은 끝까지 왕이나 황제라는 호칭을 싫어했다. 이것을 알고 있던 원로원은 옥타비아누스에게 '최고 시민'이라는 호칭을 주었으나 사실은 그게 그거였다. 그래서 후대의 역사가들은 그가 최고 시민에 오른 기원전 27년을 로마 제국의 시작이라고 말한다. 아우구스투스라는 이름은 그 다음부터 '황제'라는 뜻으로 사용되었다.

카이사르가 7월의 이름이 되었다는 것은 그의 앞이름인 율리우스(Julius)를 가리킨다. 여기서 7월을 뜻하는 영어 단어 July가 나왔다. 물론 아우구스투스는 8월(August)이다. 그런데 원래 당시 로마에서는 지금 9월로 사용하는 September가 7월이었다. 불행히도 September는 카이사르와 그의 양아들 때문에 9월로 밀려난 것이다.

폭군 열전

로마 하면 황제고 황제 하면 로마다. 그만큼 로마는 우리에게 '황제가 다스리는 제국'이라는 이미지를 갖고 있다. 그러나 앞에서 본 것처럼 로마가 제국이 되기까지는 사실 700년 이상의 시간이 걸렸다.

아우구스투스로부터 시작하는 로마 황제들은 로마 제국이 멸망할 때까지 수십 명에 달하는데, 그 중에는 뛰어난 인물도 있었지만 멍청이도 많았고 잔인한 폭군은 더 많았다. 그래서 로마 황제들은 유달리 암살된 자들이 많다. 친구들 중에서도 모범생보다는 말썽꾸러기에 관한 이야기가 더 흥미로운 법이니까 로마 황제들 가운데서도 그런 인물들을 몇 명 살펴보자.

티베리우스

재위 기간: 서기 14~37년.

즐겨하던 말: "사람들이 날 싫어하든 말든 상관 없다. 내게 복종하기만 하면 된다!"

나쁜 습관: 복종하지 않는 사람의 다리를 분지르기

나쁜 짓: 황제 자리에도 싫증이 난 티베리우스는 "잠시 쉬어야겠다!"고 선언했다. 이 말을 다리에 매질을 하겠다는 뜻으로 알아들은 시종들이 각자 자기 정강이 보호대를 찾느라 분주하자 그는 이렇게 소리쳤다.

"휴가를 갖고 싶단 말이다. 이탈리아 남해안의 카프리 섬에서 잠시 쉬면 좋을 게야."

카프리 섬에 온 지 며칠 안 되었을 때 어느 초라한 어부의 낚시에 커다란 게와 숭어가 걸렸다. 이 딱한 사나이는 그것을 황제에게 바치면 좋겠다고 생각했다.

황제가 기거하는 절벽은 가팔랐고 길도 없었다. 그리고 숭어는 무거웠다. 어부는 한 시간이나 낑낑대면서 간신히 꼭대기에 올랐다. 그는 그곳을 지키는 경비병에게 말했다.

"황제께 데려다 줘요."

그러나 경비병은 고개를 가로저었다.

"황제께서는 오늘 혼자 있고 싶어하신다."

그러자 어부는 자랑스럽게 말했다.

"이건 내가 잡은 것 중에 가장 큰 숭어란 말이에요! 신들께서 황제께 주시는 거요. 황제께 만나뵈어야겠다고 전해 줘요!"

경비병은 어깨를 으쓱해 보였다. 절벽 위에 서서 갈매기들만 보고 있자니 따분했다. 황제께서는 혹시 이 어부의 다리를 분지르라는 명령을 내려 주실지도 모른다.

"황제를 뵙고 오겠다." 그는 능글맞게 웃었다.

5분 뒤 어부는 큰 물고기를 질질 끌며 황제의 방으로 갔다.

"후회하게 될 거야." 경비병이 중얼거렸다.

어부가 문을 지나려는데 몸집이 커다란 경비병 두 명이 그의 팔을 붙잡았다.

"황제께 드릴 선물을 가져왔어요!"

이윽고 티베리우스가 한 걸음 앞으로 나왔다.

"넌 내 휴식을 망쳤다. 이 더러운 쥐새끼 같으니라고!"

"이건 물고기입니다, 폐하!"

어부는 울상이 되었다.

"흥! 그래도 그 물고기는 너만큼 더럽진 않구나. 경비병!"

"예?"

"이 친구를 기분 좋게 해 줘라. 그 물고기를 그의 몸에다 문질러라!"

"선물인뎁쇼. 숭어 비늘은 아주 따가워요!"

어부가 다급하게 말했으나 경비병은 단단한 비늘을 어부의 얼굴에 대고 문질렀다. 이윽고 살갗이 벗겨지고 얼굴에서는 피가 흘렀다. 경비병은 어부의 가슴 살갗을 벗기며 웃었다.

"아야! 아야!" 어부는 미친 듯이 비명을 질렀다.

"이제 됐다!"

황제가 말하자 경비병은 어부를 놓아 주었다. 어부는 바닥에 쓰러져 신음하면서 피가 흐르는 입술로 뭔가 중얼거렸다.

"뭐라는 거냐?" 황제가 으르렁댔다.

"오늘 잡은 커다란 게를 선물로 바치지 않은 것을 신들께 감사하고 있습니다." 어부는 간신히 말했다.

그러자 황제는 사악한 미소를 짓고는 경비병에게 명령했다.

"어부의 집을 뒤져 게를 가져오라."

경비병은 황제의 방에서 나가며 울고 있는 어부에게 눈짓을 해 보였다.

"후회할 거라고 했지."

날카로운 게 껍질로 고문당한 어부는 차라리 세상에 태어나지 말걸 하고 후회했다.

최후 : 티베리우스는 78세에 죽었다. 시종의 손에 질식사한 것으로 추정된다. 로마 시민들은 그 소식에 뛸듯이 기뻐했다!

칼리굴라

재위 기간 : 서기 37~41년.

즐겨 하던 말 : 그는 연회장에서 친구들

에게 이렇게 말하곤 했다. "방금 생각났는데, 내가 고개만 한 번 끄덕하면 너희 목은 잘려."

　죄수들을 다루고 있는 경비병에게는 이렇게 말했다. "저기 대머리놈과 저기 저 놈 사이에 있는 놈들을 다 죽여라."

　시민들에게는 이렇게 말했다. "로마에는 내가 자르기만 기다리는 목들이 가득하다."

　모든 사람들에게는 이렇게 말했다. "나는 신이다."

나쁜 습관: 그의 끔찍한 장난 하나. 제사에서 그는 제물이 될 짐승을 죽이는 망치를 들었다. 모두 그가 짐승의 머리를 치길 기다렸다. 그러나 칼리굴라는 사제의 머리를 내리쳤다!

나쁜 짓: 칼리굴라는 대량 학살 축제를 즐겼다. 검투사들끼리의 사투도 있었고 검투사와 맹수의 싸움도 있었다. 맹수들은 축제 날까지 살려 둬야 했다. 칼리굴라는 맹수들을 먹이는 고깃값이 상당한 데 깜짝 놀랐다. 그래서 그는 값싼 고기를 생각해 냈다. 죄수들을 먹이로 주었던 것이다!

미친 짓: 그는 친한 친구인 인키타투스를 집정관으로 삼았다. 덕분에 인키타투스는 로마 제국의 막강한 지위에 올랐다. 그게 뭐 어떠냐고? 인키타투스는 그의 애마였다!

최후: 그가 믿던 경비병 하나가 그를 찔러 죽였다. 그러자 사람들은 궁전으로 가서 그의 아내와 아이를 죽였다.

클라우디우스

재위 기간: 서기 41~54년.

즐겨 하던 말: "그, 그, 그 놈을 처형하라!" (그는 말더듬이였다.)

나쁜 습관: 죄수들이 고문당하는 것, 그리고 채찍에 맞아 죽는 것 구경하기.

나쁜 짓: 클라우디우스는 아내가 바람난 것을 알고 아내의 친구들을 모두 불러 파티를 열었다. 거기서 그는 아내만이 아니라 300명의 친구들까지 모조리 처형시켰다.

최후: 조카딸 아그리피나가 그에게 독버섯을 먹여 죽였다.

네로

재위 기간: 서기 54~68년.

즐겨 하던 말: 그는 리라 연주 솜씨가 형편없었으나 사람들은 뛰어나다고 말했다. 특히 그리스인들이 그에게 아첨을 많이 했다. "내 천재성을 알아주는 사람들은 그리스인들뿐이야."

죽음을 앞두었을 때 그는 이 말밖에 남기지 않았다. "음악 예술의 얼마나 큰 손실인가!"

나쁜 습관: 사람 죽이기. 그는 의붓형제인 브리타니쿠스에

게 독을 먹여 죽였다(사실 브리타니쿠스는 자신이 먹을 음식을 미리 조금씩 먹고 마시는 음식 검사관을 두고 있었다. 음식에 독이 들었다면 검사관이 먼저 죽을 것이었다. 검사관은 뜨거운 포도주를 맛보고 그에게 건네 주었다. 검사관이 멀쩡했으므로 포도주는 안전했다. 그러나 브리타니쿠스는 포도주가 너무 뜨겁다며 찬 물을 섞으라고 했다. 그걸 마시고 그는 죽었다. 찬 물에 독이 있었던 것이다!).

네로는 첫 아내였던 옥타비아를 살해하고 그녀의 머리를 새 여자 친구인 포파에아에게 보냈다. 그러나 나중에는 포파에아도 죽였다.

네로는 그리스도교도들을 잔인하게 박해했다.
- 그리스도교도들을 기둥에 묶고 타르를 칠한 뒤 불을 붙였다.
- 짐승 가죽으로 싸서 굶주린 들개들에게 던져 주었다.
- 대량으로 십자가에 처형했다.

나쁜 짓: 아그리피나가 클라우디우스에게 독을 먹여 죽이자 그녀의 아들인 네로가 제위에 올랐다. 아들이 약하고 악했으므로 그녀는 자신이 섭정으로 제국을 다스릴 마음을 먹었다.

그러나 네로의 생각은 달랐다. 어머니는 그에게 사사건건

참견했으며, 여자 친구인 악테가 왕족이 아니라는 이유로 만나는 것을 금지했다. 따라서 그는 어머니를 죽이고 싶었다.
네로는 머리를 짜내어 치밀한 계획을 세웠다.

<네로의 '어머니 보내기' 4단계 작전>

먼저 그는 악테와 다툰 것처럼 꾸몄다. 그런 다음 어머니에게 나폴리 만에서 열리는 파티에 와 달라고 초대했다. 아그리피나는 아들과 다시 친해진다는 생각에 즐겁게 초대에 응했다.

네로는 어머니가 타고 올 배를 한 척 보냈다. 특수한 사공들이 탄 특수한 배였다. 배는 바다에서 부서지게 되어 있었고, 사공들은 아그리피나를 살려 두지 말라는 명령을 받았으니까. 별이 총총히 박힌 아름다운 밤에 배는 출발했다.

아그리피나의 머리 위에 있는 덮개에는 무거운 물건들이 올려져 있었다. 계획에 따르면 그것들이 덮개를 부수고 쏟아져 아그리피나를 죽이고 배 밑창에 구멍을 뚫어 배가 침몰하도록 되어 있었다. 모두들 배가 암초에 걸렸다고 말하리라. 이 사고로 불쌍한 네로는 사랑하는 어머니를 잃었다고 하리라.

이것이 네로의 계획이었다. 그러나 배는 부서지지 않았다. 그리고 물건들이 쏟아져 내려와 죽인 것은 아그리피나의 친구였다. 아그리피나와 또다른 친구 아케로니아는 용케 살아남았다. 배는 침몰하지 않았다!

사공들은 배를 흔들어 뒤집으려 했다. 바로 그 때 아케로니아가 아주 용감한 행동을 했다. 이렇게 외치기 시작한 것이다. "살려 줘! 나는 황제의 어머니인 아그리피나다! 난 아그리피나야!"

　어둠 속이었으므로 사공들은 그녀의 말을 믿었다. 그들이 노로 그녀를 때려 죽이는 틈을 타서 아그리피나는 탈출하여 궁전으로 돌아갔다. 아직도 아들의 계획을 모르는 그녀는 네로에게 다행히도 탈출했다는 편지를 보냈다.

　네로는 화가 나서 다음 번에는 틀림없이 죽이겠다고 다짐했다. 그는 어머니의 궁전으로 두 명의 자객을 보냈다. 아그리피나는 자기가 무사한지 확인하려고 네로가 그들을 보낸 것으로 생각했다!

　한 명이 곤봉으로 그녀를 후려쳤을 때 그녀는 비로소 사태를 깨달았다. 다른 한 명이 칼을 꺼내자 그녀는 자기 배를 내보이며 못된 네로가 나온 곳을 찌르라고 했다. 자객은 그녀가 하라는 대로 했다.

네로는 어머니가 자살했다고 공표했다!

최후 : 로마 군이 자기를 저버렸고 반란군이 잡으러 온다는

것을 알게 된 네로는 자기 목에 칼을 댔다. 친구가 옆에서 그의 몸을 밀어 주었다. 그가 죽고 나서 반란군이 밀어닥쳤다.

로마 황제들에 관한 10가지 흥미로운 사실

1. 칼리굴라 황제의 본명은 가이우스였다. 칼리굴라는 '작은 군화'라는 뜻으로 그가 아주 어렸을 때부터 병정놀이를 좋아했기 때문에 붙여진 별명이었다.

2. 칼리굴라는 율리우스 카이사르처럼 되고 싶어 브리타니아를 침략했다. 서기 40년에 그는 불론(프랑스 북부)에 있는 로마 기지로 가서 공격에 착수했다. 그러나 아무도 그를 따르지 않으려 하자 다시 돌아왔다.

3. 헬리오가발루스 황제는 엄청난 양의 거미집을 수집하는 취미를 갖고 있었다.

4. 아우구스투스(옥타비아누스)는 아주 자애로운 황제였다. 그러나 그런 그도 양아버지 카이사르가 살해된 것은 참지 못했다. 로마의 작가 수에토니우스는 이렇게 전한다. "아우구스투스는 적에게 무자비했다. 그는 브루투스의 머리를 로마로 가져와서 카이사르의 조각상 밑에 던져 버렸다."

5. 네로는 잔인한 서커스를 아주 좋아한 나머지 직접 참여하기도 했다. 자신이 짐승 가죽을 뒤집어쓰고 우리 안에 갇히는 것이었다. 광장의 말뚝에는 제물로 바칠 인간을 묶어 놓았다. 우리 문이 열리면 네로는 뛰어나가 제물을 공격했다.

6. 카이사르는 우리가 쓰는 달력을 만들었다. 고대 로마인들은 1년을 12개월로 하고 4년에 한 번씩은 13개월로 했다. 기원전 46년, 카이사르는 1년을 12개월, 365일로 하고 윤년마다 2월을 29일로 했다.

7. 호노리우스는 병아리를 좋아했다. 그는 특히 아끼는 병아리에게 로마라는 이름을 지어 주었다. 그리고는 적들의 침입으로부터 안전한 시골 저택에 그 병아리를 숨겨 두었다. 410년에 고트 군이 로마 시를 침략했을 때, 한 전령이 그에게 "로마를 잃었습니다!"라고 보고했다. 호노리우스는 경악했다. 그러나 누군가 그 로마가 병아리가 아니라 수도 로마라고 말하자 그는 안심했다.

8. 페르티낙스 황제가 암살되었을 때 제위를 이을 사람은 둘이었다. 두 사람은 모두 황제의 친위대의 지원을 받는 것이 유리하다고 여기고 친위대를 자기 편으로 끌어들이려 애썼다. 승자는 율리아누스였다. 그는 친위대 병사 한 명당 25,000세스테르티우스(로마의 화폐)씩의 뇌물을 먹였다. 돈을 받은 친위대는 율리아누스가 제위에 오를 때 가만히 있어 주었다. 그러나 불행히도 그는 제국 전체의 모든 로마 병사들에게 그만큼의 액수를 줄 형편은 못되었다. 병사들은 66일만에 그를 제위에서 끌어 내렸다. 결국 그가 황제 친위대를 매수하는 데 쓴 돈은 헛되이 낭비된 셈이었다. 친위대는 이번에도 가만히 있었으니까.

9. 셉티미우스는 아주 심각한 가정 문제를 안고 있었다. 그는 카라칼라와 게타라는 두 아들을 두었다. 카라칼라는 겨우 열세 살로 공동황제가 되었다. 카라칼라는 장인을 살해한 다음 아버지와 동생 게타와 함께 스코틀랜드 정복에 나섰다. 전쟁 도중에 카라칼라는 아버지를 죽이겠다고 위협했지만 실제로 죽이지는 않았다. 늙은 셉티미우스는 브리타니아의 요크에서 죽었는데, 아들들에게 남긴 유언은 이러했다.

"서로 다투지 말거라."

그러나 1년도 못 가서 카라칼라는 동생 게타를 살해하고 단독 황제가 되었다. 하지만 그는 5년밖에 제위에 있지 못했다. 왜 그랬는지는 누구나 추측할 수 있을 것이다. 암살되었기 때문이다.

10. 기원 235년에서 285년까지 50년 동안 로마 황제는 무려 20명이었다. 대부분 재위 기간이 짧았고 암살로 생을 마쳤다. 암살자가 제위에 오르면 또다시 암살되는 일이 반복되었다. 그러자 당연한 일이지만 로마의 원로들은 황제가 되기를 거부했다.

로마의 평화

출발은 아주 좋았다. 제국이 된 로마는 정치와 경제가 모두 안정되어 있었고, 번영과 팽창을 계속했다. 이런 좋은 시절은 로마가 탄생하고 나서 처음이었다. 우리가 좋은 이미지로 기억하는 로마 제국은 대부분 이 시절의 로마를 가리킨다.

이 시절의 로마는 오늘날까지도 자주 사용되는 그 유명한 '로마의 평화'라는 말을 낳았다. 이 말을 모르겠다고? '로마의 평화'란 로마가 지중해 세계를 지키는 경찰 노릇을 하는 동안 지중해 세계가 평화롭게 발전했다는 뜻이다. 특히 96년에 네르바가 제위에 오른 때부터 마르쿠스 아우렐리우스 황제가 죽은 180년까지 약 80여 년 동안은 다섯 명의 현명한 황제가 다스렸다고 해서 '5현제 시대'라고 부른다. 이 시대가 로마 제국의 최고 번영기였다.

앞에서는 잔인한 로마 황제들을 봤으니까 이제부턴 이 다섯 명의 현명한 황제를 보자. 아니, 로마에 이런 황제들도 있었다니 하고 놀랄 것이다.

네르바

재위 기간: 96~98년.

도미티아누스 황제는 원로원을 무시하다가, 공포 정치를 일삼으면서 많은 귀족들을 죽였다. 원로원은 그를 싫어했고 심지어 그의 아내까지도 그를 싫어했  다. 원로원과 황비와 친위대는 서로 짜고 자객을 보내 그를 암살했다. 황제의 대가 끊기자 원로원은 온건한 성품의 원로 귀족인 네르바를 황제로 뽑았다.

이렇게 해서 예순여섯의 늙은 나이에 황제가 된 네르바는 재위 기간도 짧았고 별로 업적이랄 것도 없었다. 그런데도 그가 후대에 5현제의 첫 황제로 꼽히게 된 이유는 한 가지가 있다. 무엇이었을까?

a) 정치를 안정시켰다.
b) 양아들을 잘 골랐다.
c) 식민지를 늘렸다.

답 : b). 네르바는 자식이 없었고 조대에 지지 세력이 없었다. 이 두 가지 문제를 해결하기 위해 그는 상상력이 풍부한 조치를 내놓는다. 양아들을 삼아 후계자로 지정한 것이다. 그가 찾고 나서 양아들인 트라야누스가 계승했는데, 이것이 새로운 전통이 되어 이후 5현제를통틀어 양아들로 계승되었다. 공교롭게 2현제 시대를 연 다음 황제시대는 로마화되고 만다.

트라야누스

재위 기간 : 98~117년.

양아버지를 잘 둔 덕분에 황제가 된 트라야누스는 새로운 기록을 하나 세웠다. 그는 에스파냐 사람이었는데, 최초로 식민지 출신으로서 황제가 된 것이다. 식민지 사람이므로 트

라야누스는 식민지의 운영과 관리에서 실력을 발휘했다.

그러나 유능한 군인답게 그는 한동안 중지되었던 정복 사업을 다시 시작했다. 최대의 업적은 파르티아 정벌이었다. 그는 직접 군대를 거느리고 멀리 아시아로 가서 파르티아를 동쪽으로 내쫓았다. 이것으로 150년 전 크라수스가 파르티아에게 군기를 빼앗기고 전사한 데 대한 복수가 이루어졌다. 동시에 카이사르가 하려 했다가 암살되는 바람에 불발된 꿈을 이룬 것이기도 했다.

트라야누스 시대에 로마 제국은 역사상 최대의 영토를 이룩하게 된다. 그러나 당시 로마 사람들은 다른 이유 때문에 트라야누스를 더 좋아했다. 그건 뭐였을까?

a) 미남 황제였기 때문에
b) 축제를 자주 벌였기 때문에
c) 사회 복지제도를 실시했기 때문에

> 답 : **c)**. 트라야누스는 로마의 빈민들과 소년소녀 가장들에게 경제적인 혜택을 많이 주었다. 그것을 '알리멘타'라고 부르는데, 오늘날로 치면 사회 복지 제도에 해당한다. 거기에 필요한 경비는 국가가 농민들에게 싸게 빌려 준 토지에 대해 농민들이 내는 이자로 충당했으니 꿩 먹고 알 먹고였다.

하드리아누스

재위 기간: 117~138년.

하드리아누스는 트라야누스의 먼 친척으로 파르티아 원정에도 따라갔다. 평소에 그의 성실함을 눈여겨보았던 트라야누스는 파르티아에서 돌아오던 길에 병에 걸려 죽게 되었는데, 죽기 직전에 하드리아누스를 양아들로 삼았다. 5현제 시대에는 황제의 양아들이 친아들보다 나았다. 황제가 될 수 있었으니까.

트라야누스의 정책을 계승해서 하드리아누스도 제국을 무난하게 이끌었다. 특히 그는 아주 서민적인 황제였다. 군대와 함께 있을 때면 그는 일반 병사들과 똑같이 먹고 잤다.

하드리아누스는 정복 활동을 중단하고 로마 제국을 현재 상황대로 유지하는 데 힘을 썼다. 그래서 브리타니아에는 기다란 장성을 쌓고 원주민의 공격에 대해 수비만 열심히 하기로 했다. 그럼 다음 성들 중 가장 평균 높이가 낮은 성은 뭘까?

a) 중국의 만리장성
b) 고려의 천리장성
c) 영국의 하드리아누스 장성

답: c). 하드리아누스 장성의 세 기슭의 길이는 가장 짧고 폭이 가장 두꺼운 성이다. 중국의 만리장성 길이는 120㎞이고, 폭은 평균 4.5m이다. 고려의 천리장성 길이는 약 3,000㎞이고, 폭이 약 8m이고, 판비장성 길이는 약 400㎞, 폭은 약 8m이다.

안토니누스 피우스

재위 기간: 138~161년.

트라야누스나 하드리아누스는 둘 다 에스파냐 출신으로, 말하자면 '시골뜨기'였으나 안토니누스는 로마의 지체 높은 귀족 가문 출신이었다. 그는 젊은 시절부터 관리로 두각을 나타내다가 하드리아누스의 고문이 되어 큰 신임을 얻었다. 얼마나 그를 믿었으면 양아들로 삼았을까?

그는 집안도 좋고 부자였으면서도 근검절약을 실천한 황제였다. 사실 그는 별다른 업적이 없다. 그의 시대에는 로마 제국 내에 별로 특별한 일이 없었다. 그러나 나라를 아무 일도 없이 다스리는 게 아마 가장 좋은 정치일 것이다. 오늘날에도 신문 국제면에 자주 오르내리는 나라는 뭔가 문제가 많은 나라라는 뜻이 아닌가? 그가 일흔다섯 살로 죽었을 때 원로원은 그에게 존경의 표시로 이름 뒤에 '경건(피우스)'이라는 말을 붙였다.

안토니누스 피우스도 하드리아누스처럼 브리타니아에 장성을 쌓았는데, 하드리아누스 장성보다 더 북쪽에 있다. 굳이 업적이라면 이 장성을 들 수 있겠는데, 사실 그의 진정한 업적은 그가 죽은 뒤에 더욱 빛났다. 그건 뭐였을까?

a) 후계자를 잘 뽑은 것

b) 교회를 많이 지은 것
c) 독서를 장려한 것

> 답 : **a)** 안토니누스의 다음 황제인 마르쿠스 아우렐리우스는 후대의 역사가들이 로마 제국의 모든 황제들 가운데 최고로 꼽는 인물이었다. 사실 마르쿠스 아우렐리우스를 양아들로 삼으라고 권한 사람은 하드리아누스였지만.

마르쿠스 아우렐리우스

재위 기간 : 161~180년.

마르쿠스는 안토니누스의 양아들일 뿐 아니라 사위이기도 했다. 양아들이 된 뒤에 그의 딸과 결혼했기 때문이다. 그는 공평하고 깨끗한 정치를 펼쳤으나 그의 시대에는 유달리 사회가 어지러웠다.

무엇보다도 로마의 숙적인 파르티아가 변방을 위협하는 바람에 그는 황제가 되자마자 파르티아 원정군부터 보내야 했다. 마르쿠스는 이 기회에 아예 파르티아를 멸망시킬 작정으로 대규모 군대를 보냈으나 전혀 예상치 않았던 반격을 받았다. 원정을 갔다가 돌아오는 병사들의 몸에 실려 페스트 균이 로마를 덮친 것이다. 이 무서운 전염병으로 수많은 로마 시민들이 죽었다.

엎친 데 덮친 격으로 북쪽에서는 게르만 부족들이 침략하기 시작했다. 마르쿠스는 직접 군대를 이끌고 전쟁에 나섰다가

그만 전쟁터에서 병으로 세상을 떠났다.

살아 있을 때 그는 중요한 로마의 전통을 깼다. 양아들에게 제위를 물려주지 않고 자기 아들을 황제로 만든 것이다. 그 아들이 괜찮았다면 또 모르겠는데, 불행히도 그는 소문난 폭군이었다.

자, 그렇다면 하나도 잘 한 게 없고 운도 없었던 마르쿠스가 왜 로마 최고의 황제인지 모를 일이다. 그가 후대에 그런 평가를 받은 이유는 뭘까?

a) 백성들을 유달리 사랑했기 때문이다.
b) 그리스도교를 인정했기 때문이다.
c) 철학자 황제였기 때문이다.

> 답 : **c)** 그는 〈명상록〉이라는 책을 썼는데, 이 책은 아주 훌륭한 수기이자 철학서였다. 그러나 제목과는 달리 이 책은 그가 궁전의 조용한 방에서 쓴 게 아니라 전쟁터의 막사에서 쓴 것이었다. 그리고 그는 그리스도교를 싫어했다. 그리스도교가 로마에서 인정되는 것은 훨씬 이후의 일이다.

병들어 가는 로마

마르쿠스 아우렐리우스가 아들에게 제위를 물려준 것은 5현제 중 그가 유일하게 아들을 낳은 황제이기 때문이기도 했다. "다른 황제들은 모두 아들이 없었으니까 양아들을 들인 것 아냐? 난 아들이 있으니까 양아들을 들일 필요가 없다구!"

여기까지는 좋았으나 아버지가 똑똑하다고 아들도 똑똑한 경우는 별로 없다는 게 문제였다.

똑똑한 아버지를 둔 콤모두스는 아버지가 하려 했던 모든 일을 포기했다. 왜? 자유롭게 살고 싶었으니까. 그런데 그가 말하는 자유는 바로 사치와 방탕의 생활이었다. 그는 12년 동안 마음껏 자유를 즐기다가 친위대장에게 암살되었다. 한동안 끊겼던 황제 암살극이 다시 시작되었다.

군인 황제 시대

로마의 평화는 갔다. 콤모두스로부터 시작하여 이후 로마의 황제들은 대부분 어리석거나 멍청이거나 바보거나 똑똑하지 못하거나 칠칠맞았다. 간혹 그렇게 바보스럽지 않은 자들도 있었다. 그렇지만 그런 자들은 깡패가 아니면 건달이었다.

  235년부터 284년까지 50년 동안 로마의 황실에는 무려 26명이나 되는 주인이 득시글거렸다. 가만 있자, 50년 동안 황제가 26명이면 한 명당 재위 기간이 평균 몇 년인가? 그렇다. 채 2년도 안 된다. 그 대부분이 암살되었기 때문이다. 설사 유능한 인물이었다 해도 2년도 제위에 있지 못하면서 제대로 된 정치를 펴기란 불가능했을 것이다. 이 시대에는 좋게 말하면 군인, 나쁘게 말하면 깡패들이 황제가 되었는데, 역사(뿐만 아니라 학문)에서는 나쁜 말을 가급적 쓰지 않는 게 원칙이므로 이 시대를 점잖게 '군인 황제 시대'라고 부른다.

  윗물이 탁하니 아랫물도 깨끗할 수 없다. 관리들은 부패했고 백성들은 가난해졌다. 무역은 갈수록 줄어들었고 농토는 버려졌다. 게다가 걸핏하면 전염병이 나돌았고 지진도 발생했다. 로마는 죽어 가고 있었다.

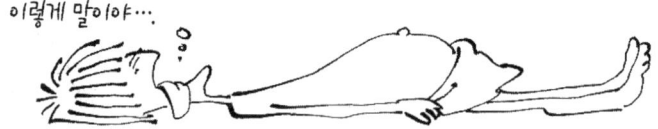

  더욱 무서운 것은 식민지들이 로마의 말을 듣지 않게 되었다는 점이다. 로마가 병들어 가는 모습을 본 식민지들은 점점 로마를 우습게 여기기 시작했다. 식민지 바깥은 바로 야만인들이 사는 곳이었는데, 식민지들은 로마 본국보다 차라리 야만인들과 어울리려 했다.

로마를 넘보는 야만인들

식민지보다 더 무서운 것은 그 바깥의 야만인들이었다. 특히 로마인들은 제국의 북쪽에 사는 민족들을 모두 게르만이라고 불렀는데, 이들은 사냥과 싸움에 능했으므로 로마인들이 아주 두려워했다. 식민지 사람들이 로마에 불만을 품으면 으르고 달래서 누그러뜨릴 수 있었지만 야만인들은 달랐다.

로마 제국이 한창 강성할 때에는 로마 군단이 중장보병 밀집대형으로 간신히 그들을 막아 낼 수 있었다. 그러나 로마가 약해진 후엔 밀집대형은커녕 당장 수비할 병사부터 부족했다.

군인 황제 시대가 끝나자 그들보다는 좀 나은 황제들이 출현했다. 이들은 식민지의 불만과 야만인의 침략을 동시에 해결하려는 방법을 썼다. 어떤 방법일까? 여러분이 로마 황제라면 어떻게 할지 생각해 보면 쉽게 알 수 있다.

그래, 바로 그거다! 식민지에게 야만인의 수비를 맡기는 거야! 백 점짜리 답이다. 식민지의 불만은 차별 대우에 있다. 세금은 잔뜩 내고 그 혜택은 없고…. 이러면 식민지 사람만이 아니라 누구라도 불만일 거다. 그래서 로마는 식민지들에 혜택을 주기로 했다. 식민지 사람들에게 모두 로마 시민권을 준 것이다. 이제 재판을 받으러 꼭 로마에 가지 않아도 되고, 식민지에 마음대로 학교를 세워 아이들을 가르칠 수도 있다.

그러나 권리를 얻었으니 의무도 함께 해야 한다. 로마 시민들과 똑같은 권리를 가지게 된 식민지 사람들은 로마를 야만인의 침략에서 지켜 내는 의무도 지니게 되었다. 로마 황제들이 노린 건 바로 그거였다!

그런데 여기에도 문제는 있었다. 당장은 편했지만 점점 식민지는 로마를 더 우습게 여기기 시작했다. 더 큰 일은 식민지마다 따로 군대를 만들게 되었다는 점이다. 변방을 수비하려면 군대가 있어야 했으니 로마 본국으로서도 어쩔 수 없었다. 독자적인 행정과 독자적인 군대, 이제 식민지는 사실상 로마와 분리된 독립국처럼 변했다.

제국을 살린 의사들

사실 5현제 시대, 즉 로마의 평화가 끝나고 얼마 안 가 로마 제국은 멸망해야 했다. 그 때부터는 실제로 제국다운 면모가 완전히 사라졌다. 그래도 그나마 제국이 유지되었던 이유는 워낙 덩치가 컸기 때문이다. 부자는 망해도 3년은 간다는 말이 있듯이 지중해를 빙 둘러싼 로마 제국은 나라라기보다는 그 자체로 하나의 '세계'였으므로 쉽게 무너지지 않았다.

그러나 식민지가 독립국처럼 행세하고 야만족들이 북쪽에서 침략해 들어올 때 로마는 또다시 멸망해야 했다. 이제는 로마도 식민지가 다 떨어져 나가 옛날처럼 덩치가 크지 않았고 더 이상 버틸 힘도 없었기 때문이다. 하지만 로마 제국이 실제로 멸망하려면 아직도 200년 가까이 더 지나야 했다. 그 기간을 로마는 어떻게 버텼을까?

불치의 병을 앓는 환자도 좋은 의사를 만나면 수명을 연장할 수 있다. 말기 암 환자와 같았던 로마가 그럭저럭 200년을 더 살 수 있었던 것은 좋은 의사들이 등장했기 때문이었다.

첫 번째 의사 디오클레티아누스

284년에 로마 황제가 된 디오클레티아누스는 환자인 로마를 치료하기 위해 수술 방법을 선택했다. 진짜 수술처럼 필요 없는 부분을 떼어 내는 게 아니라 군살이 많아져서 너무 덩치가 커진 환자의 몸 전체를 둘로 가르는 것이었다. 끔찍해라! 머리 반 쪽, 팔 하나, 다리 하나, 엉덩이도 한 쪽…. 그래서 로마 제국은 두 개가 되었다!

유럽의 지도를 보고 로마 제국의 경계선을 그려 보면 디오클레티아누스가 어떻게 로마를 둘로 갈랐는지 짐작이 갈 거다. 로마는 동서 방향으로 길게 뻗어 있으니까 가운데를 뚝 자르면 된다. 동쪽에는 발칸 반도, 소아시아(터키)와 시리아, 이집트가 있고, 서쪽에는 이탈리아, 갈리아(프랑스), 브리타니아(영국), 에스파냐, 북아프리카가 있다.

제국이 동로마와 서로마의 두 개로 나뉘었으니 황제도 두 명이 필요하다. 디오클레티아누스는 어느 쪽을 맡았을까? 이탈리아에 로마가 있으니까 서쪽이겠지, 하고 생각하면 오해다. 로마 시대에 정치의 중심은 이탈리아의 로마였지만 경제의 중심은 지중해 동부 지역이었다. 아시아와 무역을 하는 곳이었기 때문이다. 더구나 디오클레티아누스는 지금의 유고슬라비아 연방 공화국에 해당하는 달마티아 사람이었다.

그의 수술 덕택을 가장 많이 본 것은 로마가 아니라 그의 동료였던 막시미아누스였다. 제위와는 별로 상관이 없었던 처지였다가 졸지에 서로마 황제가 되었던 것이다.

그러나 수술은 거기서 끝나지 않았다. 두 황제는 각자 제위 계승자를 미리 정하기로 했다. 그 제도 덕분에 5현제 시대에 로마의 평화가 오지 않았던가? 두 명의 황제는 정제라고 부르고 각 계승자는 부제라고 불렀는데, 부제들도 각자 맡은 구역을 다스렸으므로 이제 로마 제국의 황제는 사실상 네 명이 되었고 수도도 모두 네 군데가 되었다.

디오클레티아누스의 수술은 로마를 일단 살려 내는 데는 성공했으나, 단지 수명만 늘린 건지 완전히 회복된 건지는 알 수 없었다. 그의 정치에서 잘 한 일과 잘 못한 일을 나누어 보면 판단할 수 있을 거다.

디오클레티아누스가 잘 한 일 5가지

1. 권력을 안정시켰다.

제국을 네 개로 나눈 덕분에 디오클레티아누스는 그 전까지 불안하던 황제의 권력을 안정시켰다. 그는 21년이나 제위에 있었는데, 그 전 군인 황제 시대의 황제들이 평균 2년밖에 버티지 못했던 것에 비하면 대단한 성공이었다!

2. 식민지의 반란을 막았다.

디오클레티아누스는 식민지 총독들에게서 군대 지휘권을 빼앗았다. 그리고 식민지들의 크기를 아주 잘게 나누어서 별로 힘을 쓰지 못하도록 했다.

3. 중앙 군대를 만들었다.

예전에는 로마 부근에 군대가 주둔할 수 없었다. 그러나 곳곳에서 야만족이 침략하는 바람에 중앙 군대가 필요해졌다. 평소에는 로마 부근에 있다가 반란이나 침략이 일어날 경우 즉시 달려가 진압하는 것이다.

4. 로마의 전통적인 종교를 부흥시켰다.

황제가 여러 명이니까 자칫하면 백성들이 우습게 볼 수 있었다. 그래서 디오클레티아누스는 자신이 최고 서열의 황제임을 분명히 하기 위해 옛부터 전해져 내려오던 로마의 종교를 크게 발전시켰다. 그에 따라 화폐에도 유피테르(주피터) 신을 새겨넣었다. 우리나라에 빗대어 보면 단군을 우리 민족의 조상으로 부각시킨 것이나 마찬가지이다.

5. 명예롭게 은퇴했다.

21년째 동로마를 다스리던 디오클레티아누스는 305년에 로마 사람들을 깜짝 놀라게 했다. 갑자기 정계 은퇴를 선언하더니 고향인 달마티아의 해변에 집을 짓고 은거해 버린 것이다. 비록 60세의 노인이었으나 권력의 절정에 있다가 그렇게 스스로 물러난 황제는 역사상 전혀 없었다.

퇴위한 지 얼마 되지 않아 디오클레티아누스는 서로마 황제인 막시미아누스에게서 다시 제위에 복귀하는 게 어떠냐는 편지를 받았다. 그러나 그는 오히려 이런 답장을 보냈다. "만일 내가 직접 심은 양배추를 자네에게 보여준다면 자네도 역시 권력을 누리고자 하는 욕구를 포기하게 될 것이네."

디오클레티아누스가 잘 못한 일 5가지

1. 로마 제국을 분열시켰다.

그는 권력을 안정시키기 위해 로마 제국을 둘로 나눈 것이지만, 이 때문에 이후 로마는 동로마와 서로마로 계속 분열될 조짐을 보였다. 실제로 로마 제국은 나중에 둘로 분열되어 서로마는 476년에 멸망하고 동로마는 비잔틴 제국으로 이어져 1453년에 멸망하게 된다. 오늘날 서유럽과 동유럽이 나누어지게 된 데에도 멀리 보면 로마 제국의 분열에 원인이 있다.

2. 황제를 신처럼 만들었다.

군인 황제 시대에는 걸핏하면 황제가 암살되었다. 디오클레티아누스는 사람들이 자신을 우습게 여기지 않도록 하기 위해 자기가 '신의 대리인'이라고 말했다. 그리고 황제의 권위는 신에게서 받은 것이므로 모든 사람이 복종해야 한다고 선언했다. 뿐만 아니라 황제 의상도 화려한 것으로 바꾸었고 여러 가지 행사도 새로 만들었다.

3. 세금을 지나치게 거두었다.

디오클레티아누스는 전통적인 중장보병보다 기병이 더 중요하다고 생각했다. 그래야만 변방에서 문제가 생겼을 때 빨리 달려가 진압할 수 있기 때문이었다. 그런데 기병을 키우려면 보병보다 훨씬 돈이 많이 들었다. 이 돈을 마련하기 위해 그는 소금이나 철 등 필요한 물자들을 국가가 독차지하고 판매하는 방식을 썼다. 그리고 아무리 조그만 토지에도 토지세를 부과했고 한 사람 한 사람에게 일일이 인두세를 할당했다.

4. 그리스도교를 박해했다.

사실 디오클레티아누스는 훌륭한 황제였다. 그러나 후대의 서양 사람들이나 그리스도교를 믿는 사람들은 그를 아주 싫어했다. 그 이유는 그가 로마의 전통 종교를 되살리기 위해 그리스도교를 박해했기 때문이다. 특히 303년에는 전국적으로 수많은 그리스도교도들을 학살했다.

5. 백성들의 자유를 억압했다.

국가 수입을 늘리기 위해 디오클레티아누스는 기술자들에게 무상으로 국가를 위해 일하게 했고, 농민들에게도 농사에만 열중하게 하고 마음대로 사는 곳을 옮기지 못하게 했다. 게다가 군대도 대를 이어 계속 복무하도록 했다. 한 번 군대에 들어가면 대대로 군인이 되어야 했으니, 그 땐 아마 뇌물을 주고 군대를 가지 않으려는 불법 행위가 훨씬 많지 않았을까?

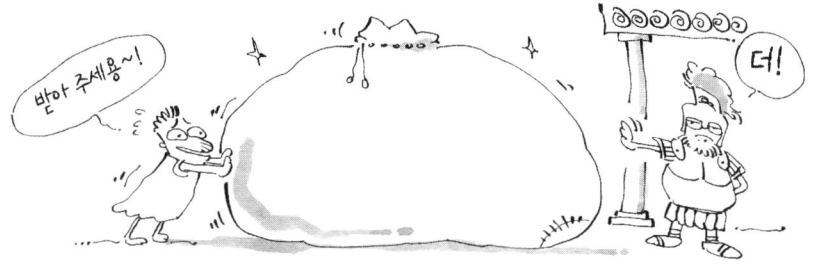

두 번째 의사—콘스탄티누스

디오클레티아누스가 갑자기 은퇴하자 다시 혼란이 일어났다. 막시미아누스가 최고 서열의 황제가 되었지만 원래 소심했던 그는 얼마 못 가서 자신을 황제로 만들어 준 사람의 뒤를 따라 은퇴했다. 그래서 남은 두 명의 부제인 갈레리우스와 콘스탄티우스가 각각 동로마와 서로마의 제위를 계승했다.

콘스탄티우스의 아들 콘스탄티누스는 당시 갈레리우스의 궁성에 인질로 잡혀 있었다. 그러나 갈레리우스가 서로마 황제 자리까지 은근히 노리자 생명의 위협을 느낀 콘스탄티누스는 성을 탈출하여 멀리 갈리아에 있는 아버지에게로 왔다. 이듬해 아버지가 죽자 그는 그 자리를 물려받았다. 그러나 갈레리우스는 이를 인정하지 않고 따로 서로마 황제를 내세웠다.

311년, 갈레리우스가 죽으면서 콘스탄티누스에게 기회가 온다. 그는 곧장 로마로 쳐들어가 서로마를 정복하고, 324년에는 동로마까지 차지하여 40년만에 다시 로마 제국의 단독 황제가 된다. 디오클레티아누스의 수술로 로마 제국은 둘로 나뉘었지만 이제 콘스탄티누스에 의해 다시 통일된 것이다.

아직 로마는 환자였다. 두 번째 닥터가 된 콘스탄티누스는 어떤 치료를 했을까?

콘스탄티누스가 잘 한 일 5가지

1. 그리스도교를 공인했다.

313년, 콘스탄티누스는 밀라노 칙령이라는 명령을 내려 그리스도교를 인정하기로 한다. 불과 10년 전 디오클레티아누스 시대에 엄청난 박해가 있었던 것에 비하면 충격적인 조치였다. 그는 갑자기 왜 그런 결정을 내렸을까? 콘스탄티누스의 친구로서 그의 전기를 쓴 에우세비우스는 그 바로 전 해인 312년에 콘스탄티누스가 다음과 같은 신기한 경험을 했다고 전한다.

해가 뉘엿뉘엿 지기 시작하는 오후였다. 그는 자신의 눈으로 직접 저무는 해의 바로 위 하늘에 빛의 십자가가 걸려 있는 것을 똑똑히 보았다. 그 십자가에는 Hoc Vince(정복이 끝났노라)라는 글자가 쓰여 있었다. 그와 그의 병사들은 깜짝 놀라 이 광경을 지켜보았다.

그런데 이 말이 사실일까? 그럴 수도 있겠지만 콘스탄티누스는 그런 종교적인 이유 때문에 그리스도교를 공인한 게 아니었다. 원래 그는 신분상 로마 황제가 되기 어려웠다. 비록 로마는 둘로 나뉘어 있었지만 디오클레티아누스에서 갈레리우스로 이어지는 동로마 황제가 서열이 더 높았기 때문이다. 이 서열을 물리치고 단독 황제가 된 콘스탄티누스는 뭔가 새로운 계기를 만들어 권력을 안정시켜야 했다. 때마침 그리스도교는 일반 민중들에게 점점 널리 퍼지고 있었으므로 그는 이것을 이용하기로 마음먹었던 것이다. 그러나 로마의 지배층은 대부분 그리스도교를 반대하고 있었으니 아마 커다란 모험이었을 것이다.

2. 수도를 새로 건설해서 옮겼다.

당시 로마 제국의 경제적 중심은 동로마였다고 앞에서 말한 바 있다. 디오클레티아누스도 그 때문에 동로마에 근거지를 차렸지만, 콘스탄티누스는 아예 수도를 동쪽으로 옮길 작정을 했다. 330년, 그는 비잔티움이라는 옛 도시의 터에다 새로 건물들을 짓고 이곳을 로마의 새 수도로 정했다. 이 수도는 그의 이름을 따서 콘스탄티노폴리스(영어로는 콘스탄티노플)라고 불렀다. 이것이 오늘날 터키의 최대 도시인 이스탄불인데, 전세계의 모든 도시들 중에서 유일하게 두 대륙에 걸쳐 있는 도시이기도 하다. 유럽과 아시아의 꼭 중간에 있으니까. 그래서 오늘날에도 이스탄불의 유적들은 유럽 문명과 아시아 문명이 혼합되어 있는 것들이 많다.

3. 니케아 공의회를 열었다.

그리스도교를 공인했어도 문제는 있었다. 당시 그리스도교는 아타나시우스파와 아리우스파의 두 개로 나뉘어 있었던 것이다. 이 문제를 해결하기 위해 콘스탄티누스는 325년에 니케아에서 종교 회의를 열고 직접 진행을 맡았다. 이것을 니케아 공의회라고 부른다. 로마 제국 각지에서 모여든 수백 명의 그리스도교 성직자들은 한 달 동안 격론을 벌인 끝에 아타나시우스파를 공인하고 아리우스파는 이단으로 몰아 배척하기로 했다.

4. 추밀원을 만들었다.

원래 로마 제국의 정치는 황제가 알아서 했다. 물론 모든 일을 황제가 다 알 수는 없으니까 황제는 자기 마음에 드는 사람들을 시켜서 나랏일을 처리했다. 그런데 콘스탄티누스는 추밀원이라는 새로운 행정 기관을 만들어서 나랏일을 맡겼다. 추밀원은 오늘날로 치면 각 부처의 장관들이 참여하는 국무회의 같은 기관이다. 비록 콘스탄티누스는 행정에 자신이 없어서 그런 기관을 만들었겠지만, 그렇다 치더라도 상당히 앞선 생각이었다.

5. 인플레를 잡았다.

디오클레티아누스가 군대를 강화하기 위해 많은 세금을 거둔 탓으로 이후 로마 제국에서는 물가가 치솟았다. 제위에 오른 콘스탄티누스가 가장 먼저 신경을 쓴 것도 이 'IMF 극복'이었다. 이를 위해 그는 솔리두스라는 금화를 새로 만들어 유통시켰다. 기존에 사용하던 은화는 인플레로 효능을 잃었기 때문이다. 이 정책이 성공하여 로마는 위기를 넘겼는데, 솔리두스 금화는 이후 동로마 제국이 멸망하는 15세기까지 계속 사용되었다.

콘스탄티누스가 잘 못한 일 5가지

1. 전제 정치를 강화했다.

콘스탄티누스는 디오클레티아누스처럼 황제의 권위를 크게 강조하려 했다. 그러나 그는 그리스도교로 개종한 처지였으므로 로마의 전통적인 종교를 이용할 수는 없었다. 그래서 그는 황제 직속군을 많이 늘리고 군대의 힘으로 황제의 권위를 지키려 했다. 따라서 백성들은 별로 정치적 자유가 커졌다고 느

끼지 않았다. 게다가 세금의 양도 줄어들지 않았다.

2. 수도를 옮겼다.

콘스탄티노폴리스를 새로 지어 옮긴 것은 좋은 면도 있었지만 나쁜 면도 있었다. 그걸 아주 싫어한 사람들이 있었기 때문이다. 누굴까? 바로 로마의 귀족들이다. 그들은 황제가 로마를 버렸다고 생각해서 콘스탄티누스에게 진심으로 충성하지 않았다. 콘스탄티누스는 40년만에 로마를 통일했지만, 수도를 옮긴 것 때문에 로마 제국은 다시 분열될 가능성이 커졌다.

3. 게르만 용병 부대를 강화했다.

로마의 북방을 침략하던 게르만 민족들은 워낙 전투에 능해서 쉽게 정복하기 어려웠다. 그래서 콘스탄티누스는 아예 그들을 로마 군대로 받아들일 생각을 했다. 우선 자신의 친위대를 용병 부대로 편성하고 반란의 조짐이 보이면 친위대로 진압하게 했다. 로마인들로 이루어진 부대보다도 게르만 부대는 그에게 더욱 충성스러웠다. 사람은 누구나 자기를 알아 주는 사람에게 충성하게 마련이다. 그러나 그것을 계기로 해서 게르만인들은 오히려 로마인들보다 로마 군대에서 더 중요한 지위를 차지하게 되었다.

4. 종교적 사기꾼이었다.

콘스탄티누스는 그리스도교를 공인하고 그 자신도 그리스도교로 개종했지만, 그리스도교를 진정으로 믿지는 않았다. 그는 그리스도교의 성직자들을 중요한 직책에 임명하면서도 로마의 전통 종교도 계속 권장했고 전통적인 제사도 지냈다. 니케아 공의회에서 아타나시우스 파는 승리했지만, 진정한 승리자는 사실 콘스탄티누스였다. 그는 아무나 이겨라 하고 생각하면서 중립적인 입장에서 회의를 진행했던 것이다. 결국 그는 그리스도교를 정치적 목적으로 이용했을 뿐이었다.

5. 종교와 정치를 구분하지 않았다.

종교와 정치가 분리되지 않은 사회, 즉 제사장이 정치도 맡는 사회를 제정일치 사회라고 부른다. 제정일치 사회는 원래 국가가 생기기 이전, 그러니까 거의 원시 시대에나 있었던 것이었다. 그러나 콘스탄티누스는 황제이면서도 그리스도교의 우두머리 노릇을 겸했다. 그의 시대에는 어쩔 수 없는 일이었겠으나, 이 전통은 이후 동로마를 뒤이은 비잔틴 제국에서도 내내 그대로 전해졌다. 그래서 서유럽에서는 교황이라는 종교상의 우두머리가 따로 정해졌지만 동유럽에서는 황제가 계속 종교에서도 황제 노릇을 했다. 오늘날 그리스도교는 크게 로마 카톨릭교, 개신교, 동방 정교회로 구분되는데, 동방 정교회가 바로 이 전통을 따르고 있다.

로마 제국의 최후

두 명의 유능한 의사가 있었어도 로마 환자는 완치되지 못했다. 하긴, 의사가 모두 환자보다 먼저 죽었으니 완치될 수도 없었을 거다. 콘스탄티누스가 죽은 다음부터 로마 제국은 마치 치료가 끝나기를 기다렸다는 듯이 걷잡을 수 없게 무너졌다.

제국의 몰락에 결정적인 역할을 한 것은 게르만의 민족 대이동이었다. 375년 무렵부터 게르만의 여러 민족들은 일제히 서쪽으로 이동하게 된다. 그 이유는 무엇이었을까?

a) 동쪽에서 아시아의 강한 민족이 침략해 왔기 때문
b) 로마 군대가 모두 게르만의 용병으로 바뀌었기 때문
c) 살던 곳에 지진이 발생했기 때문

답: a) 당시 중앙 아시아에는 훈족이라는 힘센 민족이 살고 있었는데, 이들은 4세기 중반에 서쪽으로 이동했다. 훈족의 병사들은 말을 잘 다루는 데다 활의 명수들이었으므로 게르만 민족들은 이들을 당해 내지 못하고 서쪽으로 이동하기 시작했다.

훈족 아줌마

게르만 민족들이 침략해 오자 이미 쇠약해진 로마 제국은 예전처럼 막아 내지 못했다. 로마의 군 지휘관들은 상당수가 게르만인이었으므로 오히려 게르만과 게르만이 싸우는 격이었다. 따라서 로마가 질 것은 뻔한 일이었다. 특히 게르만의 한 민족인 고트족은 아주 극성스럽게 로마를 괴롭혔다. 379년에 로마 황제가 된 테오도시우스는 이 상태가 지속되면 곧 제국이 멸망할 거라고 여겼다. 그래서 그는 어떻게 했을까?

a) 고트족에게 항복했다.
b) 고트족을 설득해서 로마군으로 만들었다.
c) 수도를 버리고 달아났다.

답: b) 힘으로 눌러봐야 금방 또 쳐들어올 테니 차라리 자기네 편으로 끌어들이는 것이 낫다고 테오도시우스는 생각했다. 그래서 고트족에게 땅과 재물을 주어 로마군에 편입시켰다. 이게 먹혀들었다.

테오도시우스는 380년에 그리스도교를 국교로 삼고, 제국을 안정시키기 위해 노력했다. 그러나 로마는 꺼져가는 촛불이었다. 서로마에서 일어난 반란을 진압하여 그는 다시 로마 제국의 단독 황제가 되었으나, 결국 그는 황제다운 황제로서는 마지막을 장식하고 말았다. 그 이후에는 다시 로마가 둘로 분열될 뿐더러 후임 황제들이 모두 변변치 않은 인물들이었기 때문이다.

410년, 고트족의 왕 알라리크는 다시 로마를 침략했다. 이번에는 단순히 국경 지대만 약탈한 게 아니라 로마 시로 쳐들어가서 시 전체를 약탈했다. 이것은 로마가 창건된 이래 두 번째로 이민족에게 당하는 수난이었다. 첫 번째는 기원전 390

년, 갈리아인의 침입이었으니까 무려 800년만의 수모였다. 당시 로마 황제는 테오도시우스의 아들이었는데, 역대 황제들 중에서 가장 유약한 인물이었다. 로마라는 이름의 병아리를 길렀던 그의 이름은 무엇이었을까?

a) 호노리우스
b) 바보이우스
c) 병아리우스

> 답 : a) 게이야 별 다지 않는 편이, 높은 관직 일을 수시로 말아!

451년, 마침내 게르만 민족 대이동을 일으킨 장본인인 훈족이 로마로 쳐들어왔다. 훈족의 침략은 그 때까지 로마가 겪은 어느 침략보다도 참혹한 것이었다. 당시 훈족의 왕은 아틸라였는데, 로마인들은 그를 '신의 재앙'이라고 부르며 두려워했다. 자칫하면 로마 시가 지도에서 지워질 뻔한 위기에서 로마 시를 구해 낸 사람은 누구였을까?

a) 황제
b) 교황
c) 스스로 물러갔다.

> 답 : b)야 c) 둘 다 고종 정답 1 사도 이탈리를 잘 생득하여서 돌아간다 그는 말만했었다. 아틸라, 이리는 얼마에로의 공포는 영웅한 듯했다.

로마 환자는 이미 뇌사 상태에 빠졌다. 그런 상태에서도 로마 제국은 20여 년을 더 살아 남았으나 결국 산소 호흡기를 거둘 수밖에 없었다.

476년, 게르만의 용병 대장인 오도아케르는 어린 소년이었던 로마 제국의 마지막 황제를 폐위시켜 1000년이 넘는 로마 역사의 문을 닫았다.

로마의 어린이들

로마 시대의 어린이들은 태어날 때부터 어려움을 겪어야 했다. 소라누스라는 작가는 아이가 세상에 태어나

면 목욕시키고 옷을 입히기 전에 울음을 터뜨려야 한다고 기록했다. 그래야만 아이는 생존할 수 있었다.

로마 제국 내의 게르만인들은 갓난아기에게 더 혹독한 시련을 주었다. 아기를 찬 물에 풍덩 빠뜨리는 것이다. 아기의 살갗이 자줏빛으로 바뀌거나 추워 몸을 떨면 약골로 판단했고, 그런 아기는 기를 가치가 없었으므로 죽게 내버려 두었다.

여자 아이는 태어난 지 8일이 지나야 이름을 지었으며 남자 아이는 9일만에 이름을 지었다. 남자 아이는 아버지의 이름을 물려받는 경우가 많았고, 여자 아이의 이름은 대개 아버지의 이름에서 끝의 '-우스(-us)'를 '-아(-a)'로 바꿔서 지었다. 이를테면 율리우스의 딸은 율리아, 클라우디우스의 딸은 클라우디아, 플라비우스의 딸은 플라비아가 되는 식이었다.

아이들은 애칭이나 별명을 가진 경우도 꽤 많았다. 어느 여자 아이는 이름이 '트리포사'였는데, 그것은 '맛있다'라는 뜻이었다.

태어나서 살아 남으면 그 이름으로 계속 살아갈 수 있었지만, 아이들은 로마의 끔찍한 학교를 다녀야 했다.

고통스런 학창 시절 — 좋은 것, 나쁜 것, 끔찍한 것

좋은 것: 학비는 부모가 부담했으므로 여유가 있는 부모들만이 자식을 학교에 보낼 수 있었다. 집안이 가난하면 전혀 배울 기회가 없었다.

나쁜 것: 노예의 자녀는 학교에 갈 수 없었다. 그들은 노예로 태어나 주인에게 예속된 몸이었다.

끔찍한 것: 가난한 아이들은 학교에 가지 못하고 오히려 부모를 위해 두 배나 열심히 일해야 했다. 그러지 않으면 부모가 자식을 팔아 넘기는 경우도 있었다! 어린이를 노예로 파는 것은 불법이었으나 가난한 부모들은 종종 그렇게 했다. 법에 걸릴 가능성은 별로 없었다.

좋은 것: 교육 제도는 오늘날처럼 초등학교, 중등학교, 대학교로 나뉘었다.

나쁜 것: 대부분의 어린이들은 초등학교만 다녔다.

끔찍한 것: 초등학교에서 게으름을 피우면 교사에게 몽둥이로 맞았다. 몽둥이가 없으면 주먹으로 때렸다. 어느 시인은 이런 무지막지한 교사를 이렇게 묘사했다.

좋은 것: 초등학교는 보통 10~12명의 아이들을 가르쳤다.

나쁜 것: 교사의 봉급은 많지 않았다. 그래서 가난한 교사는 다른 직업을 갖고 있었는데, 공장에서 일하는 경우가 많았다.

끔찍한 것: 로마의 숫자에는 0이라는 것이 없었다. 그래서 덧셈을 가르치기가 매우 어려웠다. 여러분도 선생님에게 물어보라. "LXXXVIII에 XII를 더하면 얼마죠?" (그 답은 'C'이다. 로마 숫자 체계에서 C는 100이다.)

좋은 것: 학생들은 자기들만의 여신을 모셨다. 여신의 이름은 미네르바였다. 그 여신의 휴가는 3월이었는데, 이 휴가가 끝나면 학기가 시작되었다.

나쁜 것 : 학생들은 각자 자기가 사용할 밀랍 서판과 철필(밀랍을 긁어서 글씨를 쓰는 날카로운 펜), 펜과 잉크, 종이 두루마리와 주판을 준비해야 했다.

끔찍한 것 : 중등학교에서 큰 죄를 지으면, 다른 학생들이 몸을 붙잡고 있는 가운데 가죽 채찍으로 맞았다.

좋은 것 : 아흐레장이 열리는 날에는 학교 수업이 없었다. 장이 열리면 너무 시끄럽기 때문이었던 듯하다.

나쁜 것 : 초등학교는 아주 따분했다. 주로 읽기, 쓰기, 셈하기의 세 가지를 공부했다.

끔찍한 것 : 중등학교에서는 훨씬 더 따분한 문법과 문학, 지리, 그리고 지긋지긋한 역사를 배웠다. 대학에 가면 대중 연설을 배웠다. 로마인들은 말을 잘 하는 사람이 좋은 지도자가 될 수 있다고 생각했다.

로마 소녀들의 삶

인류 역사에서 여성의 처지는 남성보다 더 어려웠다. 로마도 예외가 아니었다.

1. 로마의 소녀들은 살아 남기만 한다면 행운이었다! "사내애를 낳으면 돌보고 계집애면 죽게 놔둬!" (힐라리온이 자기 아내에게 보낸 편지)

2. 남자들은 교육받은 여성을 환영하지 않았다. "글을 읽을 줄 아는 여자는 싫어." 서기 1세기, 유베날리스의 말이다.

3. 로마의 여성들은 어릴 때부터 '통제'를 받아야 했다. 그들은 태어날 무렵 행운의 부적을 받았다. 왜일까? 자신을 보호해 줄 남자가 없었기 때문이다. 태어난 지 8일이 지나면 여자 아이는 목에 하트 모양의 금이나 가죽으로 된 행운의 부적을 거는 특별한 의식을 치렀다. 그리고 어린 시절 내내 그 부적을 걸고 있어야만 했다.

4. 열네 살이 되면 로마의 소녀는 결혼할 준비를 했다. 소녀의 아버지가 딸에게 결혼 준비를 시키고 사윗감도 선택했다. 만약 아버지가 고른 남자를 딸이 싫어하면? 그건 불행이었다. 어쨌든 그와 결혼해야 했으니까.

5. 결혼식 전날 밤에는 특별한 행사가 벌어졌다. 소녀는 모든 장난감과 어린 시절의 옷들을 가정의 수호신인 라레스의 제단 앞에 가져다 놓았다. 행운의 부적도 벗어야 했다. 이제 보호해 줄 남편이 생겼으므로.

6. 신부는 항상 흰색 모직 옷을 입었다. 허리에는 특수한 매듭이 지어진 모직 허리띠를 찼다. 그리고 밝은 노란색의 외투를 입고 샌들을 신었다. 머리에는 주황색의 베일을 썼다.

7. 로마 여인들은 화장을 했다. 흰 피부를 아름다움의 상징으로 여겼으므로 백묵으로 목을 칠하기도 했다.

8. 입술과 뺨을 더 빨갛게 만들기 위해서는 오커라는 붉은색 흙을 썼다.

9. 여성은 다리와 겨드랑이에 난 털을 깎아야 했다. 그래서 돌 조각으로 깎거나 크림을 발라 녹였다. 그 크림이 살갗까지

녹이지는 않았다는 사실이 놀랍다! 크림은 야생 암염소의 피에 불가사리와 살모사의 독 분말을 섞어 만들었다. 털이 다시 자라지 않도록 하려면 토끼의 피를 발라야 했다.

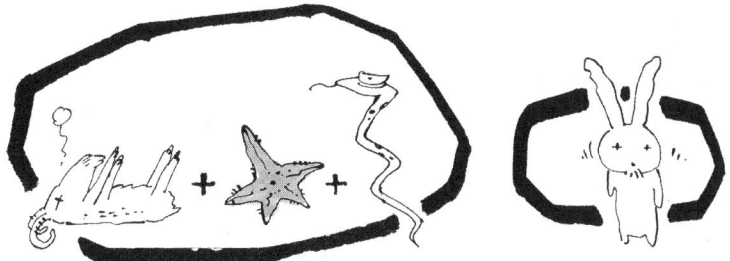

10. 눈썹을 더 진하게 만들기 위해서는 안티몬이라 부르는 금속 물질을 사용했다. 안티몬이 없다고? 그러면 재를 사용했다! 얼굴에는 진흙을 바르고, 목에는 백묵을 칠하고, 눈썹에는 재를 묻힌 채 걸어다니는 여자를 상상해 보라. 으악~!

기분나쁜 전설

로마 시대에도 할머니는 손주에게 옛날 이야기를 해 주었다. 좋은 얘기도 있었지만 섬뜩한 얘기도 있었다.

로마인들은 신이나 묘지에 관한 소름끼치는 전설들을 가지고 있었다. 그들이 받드는 신들은 따분했다. 그러다가 그들은 그리스 신들에 관한 얘기를 듣게 되었다. 그 신들은 훨씬 더 흥미로운 존재들이었다. 그래서 로마인들은 그리스 신화를 훔쳐다가 자기들 것으로 만들었다. 이를테면 프로메테우스의 신화는 이렇게 바뀌었다.

독수리가 내려 앉았다. 그리고… 사슬에 묶여 누워 있는 사람을 쳐다보았다. 독수리의 부리는 갈고리처럼 구부러져 있었다. 커다란 황금빛 눈은 뙤약볕 아래에서 번쩍 빛났다.

"훠이! 까마귀들은 저리 가라! 아주 맛있겠는데!"

독수리는 이렇게 깍깍댔다. 만약 입술이 있었다면 혀로 핥았겠지만 그 대신 독수리는 부리를 핥았다.

젊은 죄수는 무겁게 머리를 쳐들었다. 잘 생긴 젊은이였으나 입

고 있는 옷이라고는 로인클로스(허리에 두르는 간단한 옷)뿐이었다. 그는 강렬한 햇빛 때문에 눈을 외로 뜨며 독수리를 쳐다보았다. "꺼져!" 그는 이렇게 쏘아붙였다.

독수리는 딛고 있는 발이 뜨거워지자 폴짝 뛰며 다른 발로 바꾸었다.

"어이, 이봐! 그렇게 말하면 안 되지. 난 새들의 왕인 독수리란 말이야!"

하지만 남자는 코웃음쳤다.

"미안해. 그렇다면 말을 바꿔야겠군. 꺼지세요, 폐하!"

독수리는 어깨를 으쓱했다.

"화낼 필요는 없잖아. 난 내 일을 할 뿐이야. 새는 새의 일을 해야 돼!"

독수리는 숨을 깊이 들이쉬고 가슴 깃털을 곤두세웠다.

"난 임무를 맡아서 온 거야. 산꼭대기의 어느 괴상한 노인이 날 보냈다구."

"산꼭대기에 사는 사람이라면 신 말인가?"

"그래, 어떤 늙은 신이라니까. 길다란 흰 머리털에다 수염까지 멋드러지게 길렀더군."

"유피테르!"

"그가 이런 말을 했어. 내가 너한테 축복을 내리마. 저 아래로 가 보면 프로메테우스라는 청년이 바위에 사슬로 묶여 있는 게 보일 게다."

"그게 나야! 위대한 유피테르 신께서 날 용서하신다는 소식을 전하러 온 거로군. 난 풀려나는 거야?"

"아냐! 그 늙은이가 날더러 네 간을 쪼아 먹으래."

"내 간을 먹는다구?"

청년은 신음을 토했다.
독수리는 킥킥 웃으며 말했다.
"바로 그거야. 난 신선한 간을 좋아해. 특히 양파를 조금 넣어서 튀겨 낸 거라면 더욱 좋지."
"날 죽이려는 속셈이군!"
"아냐! 넌 불사의 몸이야. 영원히 산다구. 헤헤헤!"
청년은 땀방울이 눈에 들어가는 바람에 눈을 깜박였다.
"그럼 내게 고통을 주려는 것이로군."
독수리는 까악 하고 한 번 울더니 그의 앞으로 한 발자국 다가섰다.
"어쩔 수 없지, 뭐. 넌 이런 벌을 받기에 마땅한 못된 짓을 했을 거야!"
프로메테우스는 한숨을 내쉬고 태양을 바라보았다. "한때는 나도 너처럼 대기를 뚫고 날 수 있었지. 어느 날 난 태양 가까이로 날아갔어. 거기서 불을 가져왔지."
"아주 잘 했어. 그렇지 않았다면 네 간을 날로 먹어야 했는데 말이야."
독수리가 음흉하게 킬킬댔지만 청년은 계속 말을 이었다.
"난 불을 인간들에게 주었어."
"괜찮은 일 같구만."
"아, 그런데 유피테르는 불을 인간들에게 주지 말라고 명령한 적이 있었어. 그래서 내게 불같이 화를 내더군. 내가 받은 벌이 바로 이 산에 사슬로 묶이는 거였어."
"그리고 간을 먹히는 것이고."
독수리가 그에게 다시 사실을 상기시켰다.
"그래야만 하니?"

"훠이, 까마귀들은 저리 가라. 너는 용감한 사나이잖아. 자, 이제 그만 투덜대고 네 간을 먹게 좀 해줘 봐."

독수리가 부리를 쪼아 대자 프로메테우스는 비명을 질렀다.

독수리는 피가 뚝뚝 떨어지는 간을 발톱으로 움켜쥐고 날개를 펼쳤다. 그리고는 바람을 타고 부드럽게 날아올랐다.

"내일 보자, 프로메테우스!"

"내일이라고? 내일은 어느 부분을 먹을 테냐?"

"같은 부분! 그래서 이 형벌이 아주 괴로운 거지. 네 간은 도로 자랄 거야. 난 내일 와서 다시 먹을게. 그 다음 날도, 또 그 다음 날도. 영원히 말이야!"

프로메테우스는 머리를 돌려 옆구리 주위를 바라보았다. 독수리가 물어뜯은 곳은 이미 흔적도 없었다.

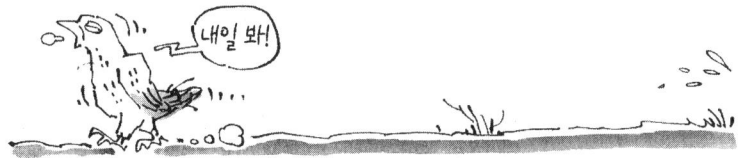

매일 독수리는 다시 왔다. 날이 가고, 달이 가고, 해가 가도 변하지 않았다. 그러던 어느 날이었다.

"이봐, 안녕, 프로메테우스!"

독수리가 햇볕으로 따스해진 바위 위에 푸드득 내려앉으며 다정하게 그를 불렀다.

"안녕."

프로메테우스는 싱긋 웃었다.

그러자 독수리는 한 걸음 물러섰다.

"어? 오늘 아침에는 아주 기분이 좋은 모양인데."

청년은 행복한 미소를 지으며 고개를 끄덕였다. 순간 그의 눈에는 심술궂은 기색이 스쳐갔다. 갑자기 그의 손이 앞으로 쑥 나오더니 독수리의 두터운 목을 잡아챘다.

독수리는 꽥꽥거렸다.

"아이쿠! 그런데 사슬은 어떻게 된 거야?"

"친구가 와서 풀어 줬지."

프로메테우스는 웃으며 손에 힘을 꽉 주었다. 그 때 바위 뒤에서 거대한 몸집의 사나이가 모습을 드러냈다. 온통 물결치는 듯한 근육으로 뒤덮인 사내였다.

"헤라클레스와 인사해. 역사상 가장 위대한 영웅이야."

독수리는 숨을 헐떡거리며 말했다.

"만나서 반가워, 헤라클레스! 그런데 프로메테우스, 날 좀 풀어 주게. 내 둥지로 그냥 갈게."

"어딜 간다고 그래, 엉?"

"아냐! 이제 나도 간 먹는 데 질렸단 말이야."

독수리의 말에는 힘이 없었다.

"헤라클레스가 널 죽일 거야."

"이봐, 프로메테우스. 우린 친구잖아. 사적인 감정은 없었어. 자네도 알잖아! 난 그저 내 일을 했던 거라구! 까마귀들은 저리 가라. 새는 새의 일을 하는 거야."

프로메테우스가 손에 힘을 더 주자 독수리의 말소리는 점점 작아졌다. 프로메테우스는 음흉한 표정으로 독수리에게 속삭였다.

"헤라클레스가 널 죽이기 전에 내가 뭘 하려는지 알아?"

"글쎄…, 혹시 내 간?"

독수리가 묻자 프로메테우스는 고개를 끄덕였다.

"아, 안 돼. 프로메테우스. 마, 맛이 아주 없을 거야. 진짜! 정말이라니까!"

"그렇겠지. 하지만 넌 한 가지를 잊었군. 세상에서 가장 맛있는 것은 바로 복수라네!"

로마의 놀이

로마 아이들의 놀이

다음에 나오는 현대의 놀이들 중에서 로마인이 했던 것은?

숨바꼭질
술래잡기
컴퓨터 게임
돌 차기
등짐고 넘기
인형놀이
시소
돌 쌓기
연 날리기
그네

답: 컴퓨터 게임을 제외한 나머지 전부 다.

로마 어른들의 놀이

로마인들은 서커스를 즐겼다. 그러나 그것은 오늘날 우리가 구경하는 것처럼 온 가족이 손잡고 갈 수 있는 서커스가 아니었다. 광대도, 곡예사도, 밧줄 타기도 없고 다만 폭력과 유혈, 죽음만이 난무했다.

히포의 아우구스티누스가 쓴 책에는 유혈극을 싫어한다는 얘기가 있다. 그의 친구 중에 겁이 아주 많은 알리피우스라는 친구가 있었는데, 어느 날 학교 친구들과 함께 로마의 서커스를 구경간 적이 있었다. 나팔 소리가 울려퍼지고 내깃돈이 걸리고 싸움이 시작되었다.

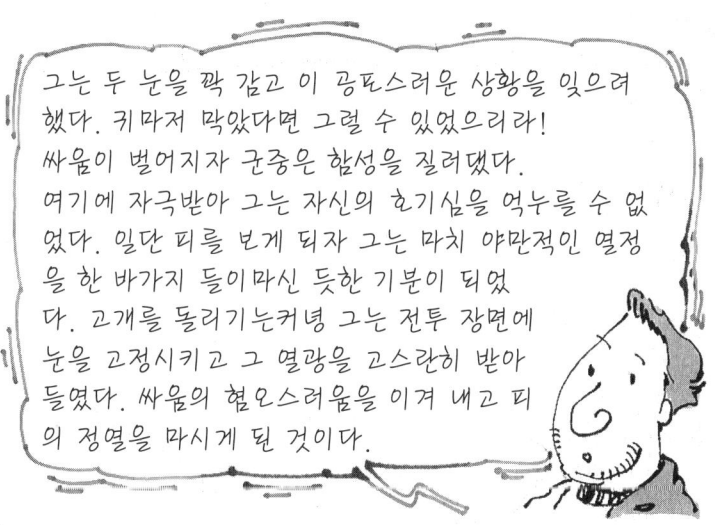

그는 두 눈을 꽉 감고 이 공포스러운 상황을 잊으려 했다. 귀마저 막았다면 그럴 수 있었으리라! 싸움이 벌어지자 군중은 함성을 질러댔다. 여기에 자극받아 그는 자신의 호기심을 억누를 수 없었다. 일단 피를 보게 되자 그는 마치 야만적인 열정을 한 바가지 들이마신 듯한 기분이 되었다. 고개를 돌리기는커녕 그는 전투 장면에 눈을 고정시키고 그 열광을 고스란히 받아 들였다. 싸움의 혐오스러움을 이겨 내고 피의 정열을 마시게 된 것이다.

그러나 율리우스 카이사르는 싸우고 죽고 하는 데 약간 싫증이 났다. 그래서 전투가 한창 진행되고 있는 중에 그는 보고서를 읽거나 편지를 썼다. 관객들은 그런 그를 별로 좋아하지 않았다!

검투사에 관한 10가지 사실

 1. 로마인들은 검투사의 싸움을 즐겼다. 무장한 사람들을 두 패로 나누어 한 쪽이 죽을 때까지 싸우게 한 것이다.

 2. 싸움과 죽음을 오락으로 삼는다는 생각은 아마 장례식에서 비롯되었을 것이다. 테르툴리아누스라는 사람은 이렇게 말했다.

이런 의식이 점차 장례식에서 두 사람이 죽을 때까지 서로 싸우는 관습으로 바뀌었다. 그것이 인기를 끌자 장례식장에서가 아니라 거대한 경기장에서도 싸움을 벌이게 된 것이다. 싸우는 사람들을 검투사라고 불렀다.

 3. 로마에는 훈련을 시켜 검투사를 길러 내는 검투사 양성소가 있었다. 싸움에서 많이 이기면, 즉 상대방을 많이 죽이면 돈도 받고 자유도 얻었다. 최고의 상은 자유의 상징인 목검이었다.

 4. 미치광이 네로는 특별 행사로 여자와 난쟁이가 싸우도록 명하기도 했다.

 5. 한 쪽이 싸움에서 쓰러지면 상대방은 망치로 그의 머리를 쳐서 확실하게 죽였다.

6. 싸우다가 한 쪽이 의욕을 잃거나 지치면 항복할 수 있었다. 그러면 그를 살려 줄지 말지를 결정하는 것은 황제였다. 군중은 대개 이렇게 외쳤다. "죽여라!", "보내 버려!" 황제는 엄지로 신호를 보냈다. 엄지를 아래로 내리면 죽이라는 것이었고 위로 올리면 살려 주라는 것이었다. 오늘날에도 그 신호는 사용되고 있다.

7. 특히 심한 유혈극이 벌어지는 것은 사형 선고를 받은 죄수들 간의 싸움이었다. 이럴 때에는 모두 죽을 때까지 싸움이 계속되었다. 먼저 무장하지 않은 죄수와 무장한 죄수가 싸웠다. 무장한 죄수가 무장하지 않은 죄수를 죽이면 그의 무장을 빼앗고 다시 무장한 죄수를 내보냈다. 이렇게 꼬리에 꼬리를 무는 식으로 싸움이 계속되었다.

8. 맹수를 데려다가 경기를 벌이는 경우도 많았다.

9. 브리타니아에서는 곰을 이용하는 경우도 있었다. 곰을 기둥에 묶어 놓고 고통을 가하면서 즐기는 것이었다.

10. 그 밖에 로마의 구경거리들을 살펴 보면….

- 코끼리와 사람의 대결. 한 번은 코끼리들이 쇠로 된 방책을 부수고 군중을 짓밟은 일이 있었다. 이후 카이사르는 관객들을 보호하기 위해 경기장 주변에 해자를 만들도록 했다.
- 경기장에서의 해전. 경기장에 물을 채우고 함선을 띄웠다.
- 짐승들끼리의 싸움. 곰 대 물소, 물소 대 코끼리, 코끼리 대 코뿔소.
- 악어, 기린, 하마, 타조. 악어는 아프리카를 벗어나면 죽는 경우가 많아 다루기 까다로웠다. 어떤 악어는 희생자를 잡아 먹으려 들지 않아 경기를 망쳐 버리기도 했다.

- 사람 대 표범, 사자, 퓨마, 호랑이. 사람은 대개 장창과 단창, 횃불, 활, 단검 등으로 중무장을 했다. 심지어 사냥개들의 도움을 받는 경우도 있었다.

  이 경우에 오히려 위험한 것은 선수보다 관중이었다. 어느 관중이 도미니티아누스 황제에 관한 농담을 한 적이 있었다. 그는 즉시 개떼의 밥으로 던져졌다.
- 외투를 입은 사람과 황소의 대결. 이것은 오늘날 에스파냐에서도 볼 수 있다.
- 맨주먹의 사람과 곰의 대결
- 서기 80년에 로마 콜로세움 경기장에서는 하루에 5,000마리의 맹수들이 죽은 적도 있었다.

묘기 대행진

　경기장에서 폭력 사태만 벌어진 것은 아니었다. 오늘날의 서커스처럼 동물들을 길들여 묘기를 부리게 하는 구경거리도 있었다. 예를 들면…

- 전차를 끄는 길들인 표범들.
- 토끼를 입에 넣었다가 산 채로 다시 뱉는 사자.
- 조련사의 손을 핥는 호랑이.
- 황제 앞에서 무릎을 꿇고 인사하는 코끼리.
- 코로 땅바닥에 글자를 쓰는 코끼리.

나더러 몇 글자 써보라길래 후기 구조주의와 로마 가치관의 퇴락 사이의 연관성에 대한 논문을 쓰고 있어.

연극 공연

　로마인들은 야외 극장에서 연극을 관람하기를 좋아했다. 그러나 오늘날이라면 대부분 너무 폭력적이라는 이유로 금지될 것이다.

무대에서 배우들은 진짜로 싸웠다. 도미티아누스 황제는 무대 위에서 배우가 진짜 죽는 것을 허용하기도 했다. 〈라우레올리스〉라는 연극의 끝 부분에는 십자가에 매달린 악당을 곰이 찢어발기는 장면이 있었다. 악당 역할을 한 배우는 무대에서 내려오고 죄수가 대신 그 역할을 했다. 로마인들은 이 끔찍한 광경을 즐거워하며 구경했다.

로마인들은 또 경기장에서 마음에 들지 않는 사람들을 실제로 처형하기도 했다. 남자든 여자든 어린이든 가리지 않고 맹수들에게 던져 주었으며, 기독교를 믿는다는 이유만으로 그렇게 하기도 했다.

묘한 것은 그런 학살극에 종지부를 찍은 것이 바로 기독교였다는 점이다. 황제가 기독교로 개종했을 때 그런 유혈 사태는 금지되었다. 326년 10월 1일, 콘스탄티누스 황제는 검투사 양성소를 폐지했고, 곧이어 로마 제국 내에서 그런 경기가 사라졌다.

로마의 음식

로마인들은 새로운 음식과 새로운 조리법을 만들었다. 그들은 훈제하거나 소금을 친 고기와 생선의 역겨운 냄새를 없애는 향료를 사용하고 있었다.

듣기만 해도 밥맛 뚝 떨어지는 이야기 20가지

1. 부자들은 화려한 연회를 즐겼다. 트리말키오라는 로마인은 백 년 묵은 포도주를 곁들인 연회를 열었다. 음식으로는 야생 구렁이까지 있었는데, 그 배를 갈라 보니 구렁이가 잡아먹었던 지빠귀새가 산 채로 나오기도 했다.

2. 연회에 참가한 손님들은 음식을 너무 많이 먹어 배탈이 나는 경우도 많았다. 그럴 때를 대비하여 '토하는 방'이라는 특별한 방이 준비되어 있었다. 손님들은 거기에 갔다 온 뒤 다시 음식을 먹었다.

3. 막시미아누스 황제는 대식가였다. 하루에 고기를 20 kg이나 먹어 치웠다고 한다. 20 kg이라면 작은 송아지 한 마리에 해당하는 양이다!

4. 또 막시미아누스는 날마다 포도주를 몇 통씩 마셨다. 그런 습관 때문에 결국 죽었지만 그래도 20년간이나 제위에 있었다.

5. 주방에는 부자들이 자기가 기르는 쥐들을 가두어 놓고 먹이를 주는 데 쓰는 특수한 쥐틀도 있었다. 쥐들을 옴짝달싹 못하게 한 뒤 밤, 호두, 도토리 등 최고의 음식을 먹여 살찌운 다음, 그 쥐를 잡아서 그 속을 채워 요리로 만들어 먹는 것이다. 요리 방식은 돼지고기 소시지로 속을 채우고(아예 쥐고기로 속을 채우기도 했다), 후추와 호두로 가미하는 것이었다.

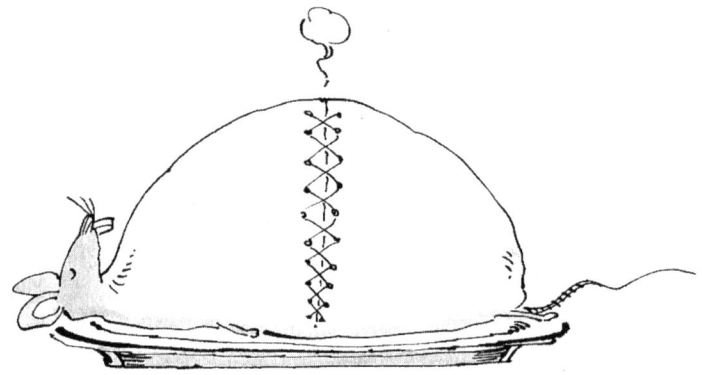

6. 우유를 먹인 달팽이 요리도 인기 있었다. 살아 있는 달팽이의 껍질을 벗기고 소금과 우유를 섞은 접시에 담아 하루 동안 놔두는 것이다. 달팽이는 우유를 아주 좋아하므로 우유를 먹는데, 소금 때문에 갈증을 느끼게 된다. 그런 다음 달팽이를 보통 우유에 며칠 동안 넣어두면, 달팽이는 우유를 아주 많이 마셔 뚱뚱해진다. 그것을 껍질 속에 도로 넣어 기름에 튀겨 내놓는 것이다. 여기에 포도주 양념을 곁들이면 아주 맛있다.

7. 더 혐오스러운 것도 있다. 살찐 달팽이를 날고기에 올려 놓는 것이다(대부분의 달팽이는 피를 빠는 것을 즐긴다!).

8. 로마인들은 속을 채운 개똥지빠귀 요리를 좋아했다. 오늘날 먹는 치킨 요리나 다를 게 없겠지 한다면 오산이다. 새 내장 속의 내용물을 꺼내지 않은 채 목구멍을 통해 속을 채우는 것이다! 그밖에 로마인들은 우리로서는 도저히 먹을 엄두도 내지 않을 새들도 많이 잡아 먹었다. 이를테면…

- 재갈매기   ● 까마귀   ● 공작   ● 백조
- 갈가마귀   ● 물닭

9. 로마인들은 별로 낭비하는 법이 없었다. 아피키우스 요리법의 재료는 암퇘지의 젖통이다. 그들은 염소와 양의 허파 같은 것은 물론 짐승의 뇌수도 먹었다.

10. 로마에 저항하던 아시아 폰투스의 미트라다테스 왕은 독을 먹을까 봐 두려워한 나머지 독을 먹었다. 물론 조금씩만. 그래서 그의 몸은 독에 저항력이 생겼다. 그 후 로마 군이 밀어닥친다는 소식에 그는 대항할 배짱이 없었다. 그래서 독을 마셔서 자살하려 했다. 그런데 독이 제 효과를 내지 못했다. 결국 그는 칼로 자살했다(로마 군이 밝혀 낸 바에 따르면 그는 내장이 거의 남아 있지 않았다고 한다!).

11. 로마인들은 음료도 혐오스러운 것을 즐겨 마셨다. 물고기 내장으로 만든 음료도 있었다. 내장에 소금을 치고 햇볕 아래 썩도록 놔둔다. 며칠 지나서 액체가 되면 그것을 마시거나

양념으로 쓰는 것이다. 실은 감자 칩에 토마토 케첩을 뿌리는 것과 큰 차이가 없다.

12. 로마인들은 오늘날 우리처럼 병아리, 오리 고기를 먹었다. 그러나 로마인들은 머리는 잘랐지만 다리는 그대로 둔 채 식탁에 올렸다.

13. 로마인들은 오늘날 천연기념물인 황새도 마구 잡아먹었다(하긴 황새 고기와 닭 고기가 다를 게 뭐 있겠는가?).

14. 로마인들은 말 고기로 소시지를 만들어 먹기도 했다.

15. 로마인들은 아주 희한한 야채 요리를 먹었다. 민들레 이파리로 만든 샐러드를 먹어 본 사람이 있을까? 쐐기풀로 만든 커스터드 크림은? 해초 스프는 어떤가?

16. 로마의 연회에 참석한 손님들은 포도주에 장미 이파리를 떨어뜨려 마시기도 했다.

17. 헬리오가발루스 황제는 한 번 식사에 손님들에게 타조 600마리의 뇌수를 접대했다.

18. 그는 또한 금가루를 섞은 완두콩과 보석을 섞은 렌즈콩을 내놓기도 했다. 아마 값비싼 음식을 좋아했던 모양이다.

19. 로마인들은 음식을 위장하여 다른 음식처럼 보이게 하는 놀이를 즐겼다. 어떤 연회에서는 구운 새끼 돼지인 줄 알았던 요리가 사실은 과자로 밝혀지기도 했다. 또 새 둥지에 달걀이 가득 든 요리도 있었는데, 사실 그 달걀은 과자였고 '노른자'에 해당하는 것은 향료를 가미한 휘파람새의 고기였다.

20. 우리는 텔레비전을 보면서 식사를 하곤 한다. 그러나 로마의 연회에서는 춤과 곡예, 광대를 보면서 식사를 하지 않았을까? 검투사들이 나와서 싸우다 서로 죽이지 않았을까?

로마의 일상적 식사

로마인들이 흔히 먹었던 보통 식사는 다음과 같았다.

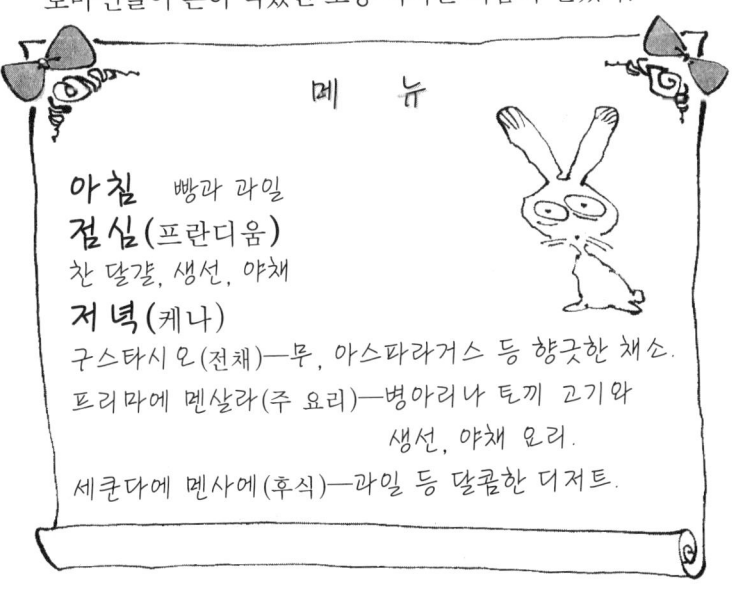

메 뉴

아침 빵과 과일
점심(프란디움)
찬 달걀, 생선, 야채
저녁(케나)
구스타시오(전채) — 무, 아스파라거스 등 향긋한 채소.
프리마에 멘살라(주 요리) — 병아리나 토끼 고기와 생선, 야채 요리.
세쿤다에 멘사에(후식) — 과일 등 달콤한 디저트.

로마의 정식 식사

로마풍의 연회에 여러분의 친구들을 초대하면 어떨까? 물론 준비는 많이 필요하지만.

먼저 노예들에게 식탁에 손님당 하나씩 냅킨과 스푼, 나이프를 놓게 한다. 단, 포크는 놓지 말아야 한다. 완전히 로마식으로 한다면 손가락으로 음식을 먹고 냅킨으로는 그 손가락을 씻어야 한다. 부드러운 음식이나 소스는 스푼으로 먹고, 나이프는 고기를 자르거나 찍는 데 쓴다.

식사를 시작하기 전에 먹을 음식을 약간 덜어서 조그만 그릇에 담아 가족 신의 조상 앞에 놓는다(가족 신이 먹지 않으면 나중에 노예가 먹는다).

짧은 기도를 한다. 로마인들은 보통 "아우구스테, 파트리 파트리아에(우리의 아버지이신 황제께 행운이 깃들기를)"라고 한다.

노예들에게 손님들의 발을 씻게 한다.

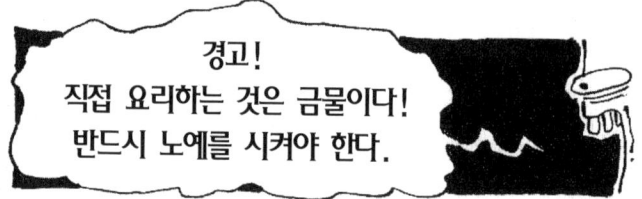

경고!
직접 요리하는 것은 금물이다!
반드시 노예를 시켜야 한다.

만약 여러분의 집에 노예가 없다면? 노예가 없더라도 너무 슬퍼하지 말도록. 요새 노예를 가진 사람은 없으니까. 어리벙벙한 남동생이 노예 역할로는 가장 안성맞춤이다. 남동생이 없다거나, 그나마 하나 있는 남동생이 결코 어리벙벙하지 않다면, 식구들끼리 제비를 뽑거나 내기에서 지는 사람에게 노예 역할을 시켜도 된다.

전채(구스타시오)

동네의 가게에서 속을 채운 쥐나 우유를 먹인 달팽이를 팔지 않는다면, 조개, 삶은 달걀, 올리브 한 접시를 준비하라. 여기에 향료를 가미한 포도주(아직 여러분은 학생이니까 포도 주스)를 곁들이면 된다.

향료를 가미한 포도주

재료:
* 포도 주스 1*l* * 꿀 3숟가락   * 혼합 향료
* 계피   * 육두구   * 후추   * 물

만드는 방법:
* 포도 주스를 2*l* 들이 주전자에 따른다.
* 물 1*l* 를 섞는다(포도주의 향이 너무 강하지 않게 하기 위해).
* 꿀을 섞고 잘 젓는다.
* 혼합 향료 약간량, 육두구 한 개, 계피와 후추를 넣는다.
* 맛을 보고 달지 않으면 꿀을 더 넣고, 맛을 더 강하게 하려면 향료를 더 넣는다.

주 요리(프리마에 멘살라)

누미디아의 병아리 요리

재료:
* 병아리 고기 (한 사람에 한 조각씩)
* 커민 분말(1/4티스푼) * 고수풀 씨 앗(1/4티스푼)
* 으깬 호두(4숟가락)   * 꿀(2숟가락)
* 포도 식초(2숟가락)   * 식용유(1숟가락)
* 후추 (약간량)
* 빵 부스러기 (말린 식빵 한 조각)
* 대추야자 4개 (작은 조각들로 부순 것)
* 닭고기 국물(영계 한 마리를 푹 삶아서 끓인다)

만드는 방법:
* 병아리 고기를 냄비에 넣는다. 식용유를 넣은 다음 후추를 뿌리고 쿠킹 호일로 냄비를 덮는다. 섭씨 180도로 한 시간 반 동안 가열한다.
* 고기가 익으면, 다른 재료들을 프라이 팬에 넣고 20분 동안 끓여 누미디아 소스를 만든다.
* 병아리 고기를 접시 위에 놓고 소스를 얹는다.
* 야채를 곁들여 요리를 내놓는다(양배추와 콩이 제격이다).

후식(세쿤다에 멘사에)

꿀로 요리한 대추야자

재료:
* 신선한 대추야자 12개   * 호두 12개
* 꿀 4숟가락   * 소금
* 후추

(신선한 대추야자를 구할 수 없으면 요리용 대추야자를 써도 된다)

만드는 방법:
* 대추야자의 껍질을 벗기고 씨를 뺀다.
* 씨가 있던 자리에 호두를 넣는다.
* 대추야자에 소금을 약간 뿌린다.
* 꿀을 프라이팬에 녹인 다음 그 속에 대추야자를 넣고 살짝 조리한다.
* 5분간 조리한 다음 대추야자를 꺼내 접시에 담는다.
* 뜨거운 대추야자 위에 꿀을 더 붓는다.
* 후추를 약간 뿌린 다음 내놓는다.

이렇게 식사를 즐기면서 곡예사, 무용수, 가수, 음악가들을 불러 여흥을 북돋운다. 로마식 연회에서 말을 너무 많이 하는 것은 결례다. 굳이 말을 해야 한다면 사소한 것(축구, 패션, 이웃집의 새 차)을 가지고 수다를 떨면 안 된다. 인생이나 죽음, 우리 시대의 위대한 선생님 같은 중요한 얘기를 해야 한다.

로마의 의술

로마 시대에는 몸이 아프면 곤란했다. 치료법이 질병보다 더 나쁠 때도 있었으니까! 다음은 카시우스라는 로마인이 누이동생인 율리에트에게 보낸 편지다. 여기서 말하는 치료법을 직접 해 보면 어떨까?

율리에트에게

네가 정원을 걷다가 거미에 물렸다는 소식을 들은 뒤로 내내 걱정스런 마음이다. 네가 사는 아풀리아에는 타란툴라라는 위험한 거미가 많단다. 거미에 물렸을 때 가장 좋은 치료법은 이렇다. 우선 거미를 으깨서 상처에 발라라. 거미가 없다면 거미집을 잘라 내서 상처를 덮으려무나.
넌 잘 지내고 있다고 했지만 나는 네가 가능한 한 빨리 로마에 왔으면 한다. 우리 둘이 함께 키벨레 여신의 신전에 가서 제물을 바친다면 얼마나 좋겠니.
개구리를 이용한 보신법도 좋은 게 있단다. 새우, 밀가루, 개구리를 포도주에 넣고 끓여 먹으면 살이 빠졌거나 몸이 늘 피곤한 사람에게 아주 좋아. 개구리를 으깨서 포도주에 적셔 먹으면 두꺼비 독을 방지하는 데 좋지.
마지막으로, 나흘마다 한 번씩 찾아오는 감기를 치료하려면, 개구리를 올리브유에 조리해서 먹어야 한다.
네 남편에게 안부 전하려무나. 너도 잘 있고.

사랑하는 오빠 카시우스가.

로마의 종교

행운의 부적과 잔인한 저주

로마의 가정에서는 가정의 수호신인 라레스가 아주 중요했다. 라레스 신은 가정을 사악한 정령들로부터 지켜 주었다. 그밖에 부잣집에서는 이런 신들도 섬겼다.

- 베스타 : 불과 난로의 여신. 오늘날에는 유명한 성냥의 상표이기도 하다.
- 페나테스 : 벽장의 수호신. 한밤중에 열리는 연회장에 아무도 몰래 들어오지 못하게 한다.
- 야누스 : 두 얼굴의 신. 한 얼굴로는 집에 들어오는 사람을 보고 다른 얼굴로는 나가는 사람을 본다.

섬뜩한 종교

병아리 던지기

로마의 군대도 나름대로의 종교와 미신을 가지고 있었다. 군대의 지휘관은 강물을 바라보며 특정한 동물들을 보고 전투가 어떻게 진행될지 예상하곤 했다. 이를테면…

- 새떼가 나는 것을 볼 때—예를 들면 까마귀들이 날아 가는 모습에서.

● 신성한 병아리들이 먹이를 먹는 방식에서—클라우디우스 풀처는 포에니 전쟁에서 원정을 떠날 때 병아리들을 데려갔다. 병아리들은 아무 것도 먹지 않아 배멀미를 약간 했는데, 좋지 않은 징조였다. 그래서 그는 병아리들을 바다에 내던지라고 명령하면서 이렇게 말했다. "먹이를 먹지 않겠다면 물이라도 마시게 하라!" 그 후 그는 전투에서 패배했고, 병사들은 신성한 병아리들을 바다에 던졌기 때문이라며 그를 비난했다.

미트라 숭배

황소 신 미트라의 종교는 많은 로마 병사들이 믿었다. 미트라 신은 페르시아에서 근무하던 군단 병사들이 로마로 가지고 들어온 종교였다. 미트라는 사후 세계의 '재판관'으로, 사람이 죽은 뒤에 천국으로 갈지 지옥으로 갈지 결정하는 신이었다. 미트라 신전은 어둡고 음산했으며, 지하에 설치된 경우도 많았다. 병사들은 마치 비밀 모임에 가입하기라도 하는 것처럼 미트라 교를 믿었다.

어떤 용감한 행위를 수행하기 전에는 미트라 신전에 들어갈 수 없었다. 예를 들면 관 속에 몇 시간 동안 갇혀 있는 것이었다. 관은 차가운 돌 바닥에 놓여 있고 옆에는 불이 있어 한기와 열기가 동시에 느껴지도록 되어 있었다.

황소의 피

또다른 동방의 '신비' 종교도 섬뜩한 분위기를 가진 것이 있다. 4세기에 프루덴티우스는 이런 기록을 남겼다.

> 숭배자들이 깊은 구덩이를 파면 제사장은 구덩이 안으로 들어간다. 그리고 구덩이를 느슨한 널빤지들로 덮는다. 널빤지에는 조그만 구멍들이 뚫려 있다. 그 위에 거대한 황소가 올라간다. 사람들은 신성한 사냥 창으로 황소의 심장을 찌른다. 황소의 상처에서 뜨거운 피가 분출한다. 피는 널빤지의 구멍을 통해 아래에 있는 제사장에게로 빗물처럼 떨어진다. 제사장의 옷과 몸은 황소의 피로 뒤덮인다. 이윽고 그가 구덩이에서 나온다.
>
> 보기만 해도 끔찍한 광경이다.

로마에 관한 그밖의 상식

로마의 도시들

로마의 목욕탕이 얼마나 대단한 것인지는 누구나 다 안다. 하지만 로마인들 모두가 목욕에 그렇게 신경을 썼던 것은 아니었나 보다. 어느 로마인이 이렇게 썼던 걸 보면.

> 나는 공중 목욕탕 위에 사니까 거기서 어떤 일이 벌어지는지 잘 안다. 아주 구역질나는 곳이다! 우선 힘센 사나이들이 납으로 된 역기를 흔들며 끙끙거리면서 운동을 한다. 그 다음에는 싸구려 마사지를 받는 게으름뱅이들이 있다.

> 철썩거리며 등을 두드리는 소리가 아주 잘 들린다. 그리고 싸우거나 도둑질하다가 들킨 사람이 잡혀가는 소리도 들린다. 가장 듣기 싫은 것은 목욕탕에서 자기 목소리 듣기를 좋아하는 사람들이 지르는 소리다. 풍덩 하고 목욕탕 속으로 뛰어드는 사람도 가관이다.

로마의 흔적

로마인들은 오랫동안 유럽 세계를 지배했다. 그래서 오늘날에도 당시의 흔적들이 남아 있다.

1. 로마인들은 가는 곳마다 자기들의 '등록상표'를 남겼다. 그들은 SPQR이라는 글자들을 썼는데, 이는 세나투스 포풀루스 쿠에 로마누스(Senatus Populus Que Romanus), 즉 로마의 원로원과 국민이라는 뜻이었다. 오늘날에도 로마의 버스와 하수구 덮개에는 그 문자들이 쓰여 있다.

2. 로마어는 라틴어라고 불린다. 지금도 일부 종교 의식에서는 라틴어를 사용하며, 라틴어를 가르치는 학교도 많다. 그러나 지금은 아무도 라틴어를 상용어로 쓰지는 않는다. 그래서 라틴어는 '죽은 언어'라고 말한다. 그 때문에 라틴어를 배워야 하는 학교의 학생들은 이런 노래를 중얼거린다.

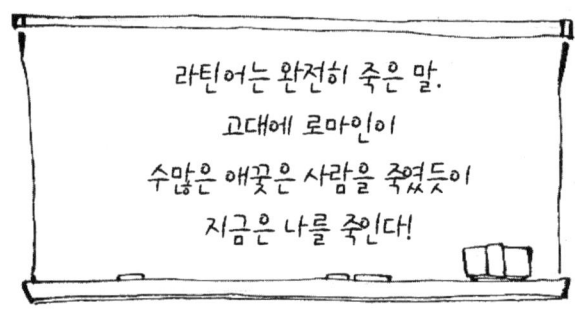

라틴어는 완전히 죽은 말.
고대에 로마인이
수많은 애꿎은 사람을 죽였듯이
지금은 나를 죽인다!

3. 의치—로마인들은 대체로 이가 튼튼했다. 규칙적으로 닦았을 뿐더러 설탕을 많이 섭취하지 않았기 때문이다. 그러나 그래도 이가 빠질 경우에는 의치를 사용했다. 의치는 금이나 상아로 만들어 금실로 고정시켰다. 흔들리는 이를 고정시킬 때에도 금실을 사용했다. 가난한 사람들은 이를 그냥 뺄 수밖에 없었다.

4. 마천루—로마인들은 같은 시대의 어느 민족보다 더 높은 건물들을 지었다. 그러나 이 때문에 비극이 일어나기도 했다. 기원전 217년, 시장에서 황소 한 마리가 달아났다. 황소는 3층짜리 건물로 뛰어들어 계단을 올라갔다. 꼭대기까지 올라간 황소는 창문 아래로 떨어져 버렸다. 아우구스투스 시대에는 도시 인구가 급증하여 건물도 더 높이 짓지 않으면 안 되었다.

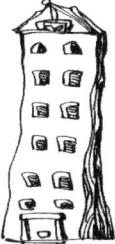

그런데 이 건물들이 무너지는 경우가 자주 일어나자 아우구스투스는 높이가 20 m 이상인 건물은 짓지 못하도록 하는 법을 제정했다.

로마로 통하는 모든 길

로마는 기원전 753년에 세워져서 500년 뒤에는 이탈리아 반도를 통일했고, 또 200년 뒤에는 제국으로 자라났으며, 서기 200년까지 지중해를 한 바퀴 둘러싸는 영토를 거느리는 전성기를 누렸다. 그러나 그 이후 로마 제국은 급속히 쇠퇴하기 시작했다. 로마 제국이 실제로 망한 것은 5세기 후반, 476년의 일이지만, 사실상 3세기 이후의 로마 역사는 언제 모든 길이 로마로 통했던가 싶을 만큼 초라했다.

그러니까 모든 길이 로마로 통한다는 말은 로마 시대보다 오히려 그 이후를 가리키는 의미가 더 크다. 로마 시대에 생겨난 법과 제도, 종교, 관습 등등은 로마 제국이 멸망한 이후 서양의 역사에 큰 영향을 미쳤다. 오늘날 로마는 이탈리아의 수도에 불과하지만, 서양의 역사에서 로마는 그보다 훨씬 커다란 의미를 지닌다.

로마가 멸망한 뒤에도 동로마 제국(비잔틴 제국)은 오늘날의 터키와 그리스가 있는 동유럽에서 1,000년이나 더 존속했다. 또 9세기에는 오늘날 프랑스와 독일 땅에 또다른 로마 제국이 세워졌고, 이어 10세기에는 신성 로마 제국이라는 또다른 로마 제국이 생겨나 1806년에 나폴레옹이 멸망시킬 때까지 존속했다. 이 신성 로마 제국은 바로 오늘날 독일이라는 강대국의 전신이다. 이 정도면 왜 로마가 중요한지 충분히 알겠지?

앗, 시리즈 (전 70권)

수많은 교사와 학생들이 한눈에 반한 책.

전 세계 2천만 독자의 인기를 독차지한 〈앗, 시리즈〉는 수학에서부터 과학, 사회, 역사까지, 공부와 재미를 둘 다 잡은 똑똑한 학습교양서입니다.

수학
- 01 수학이 모두 모여 수군수군
- 02 수학이 수리수리 마술이
- 03 수학이 수군수군
- 04 수학이 또 수군수군
- 05 수학이 자꾸 수군수군 1. 셈
- 06 수학이 자꾸 수군수군 2. 분수
- 07 수학이 자꾸 수군수군 3. 확률
- 08 수학이 자꾸 수군수군 4. 측정
- 09 대수와 방정맞은 방정식
- 10 도형이 도리도리
- 11 섬뜩섬뜩 삼각법
- 12 이상야릇 수의 세계
- 13 수학 공식이 꼬물꼬물
- 14 수학이 꿈틀꿈틀

과학
- 15 물리가 물렁물렁
- 16 화학이 화끈화끈
- 17 우주가 우왕좌왕
- 18 구석구석 인체 탐험
- 19 식물이 시끌시끌
- 20 벌레가 벌렁벌렁
- 21 동물이 뒹굴뒹굴
- 22 화산이 왈칵왈칵
- 23 소리가 슥삭슥삭
- 24 진화가 진짜진짜
- 25 꼬르륵 뱃속여행
- 26 두뇌가 뒤죽박죽
- 27 번들번들 빛나리
- 28 전기가 찌릿찌릿
- 29 과학자는 괴로워?
- 30 공룡이 용용 죽겠지
- 31 질병이 지끈지끈
- 32 지진이 우르쾅쾅
- 33 오싹오싹 무서운 독
- 34 에너지가 불끈불끈
- 35 태양계가 티격태격
- 36 튼튼탄탄 내 몸 관리
- 37 똑딱똑딱 시간 여행
- 38 미생물이 미끌미끌
- 39 의학이 으악으악
- 40 노발대발 야생동물
- 41 뜨끈뜨끈 지구 온난화
- 42 생각번뜩 아인슈타인
- 43 과학 천재 아이작 뉴턴
- 44 소름 돋는 과학 퀴즈

사회·역사
- 45 바다가 바글바글
- 46 강물이 꾸물꾸물
- 47 폭풍이 푸하푸하
- 48 사막이 바싹바싹
- 49 높은 산이 아찔아찔
- 50 호수가 넘실넘실
- 51 오들오들 남극북극
- 52 우글우글 열대우림
- 53 올록볼록 올림픽
- 54 와글와글 월드컵
- 55 파고 파헤치는 고고학
- 56 이왕이면 이집트
- 57 그럴싸한 그리스
- 58 모든 길은 로마로
- 59 아슬아슬 아스텍
- 60 잉카가 이크이크
- 61 들썩들썩 석기 시대
- 62 어두컴컴 중세 시대
- 63 쿵쿵쾅쾅 제1차 세계 대전
- 64 쾅쾅탕탕 제2차 세계 대전
- 65 야심만만 알렉산더
- 66 위풍당당 엘리자베스 1세
- 67 위엄가득 빅토리아 여왕
- 68 비밀의 왕 투탕카멘
- 69 최강 여왕 클레오파트라
- 70 만능 천재 레오나르도 다 빈치

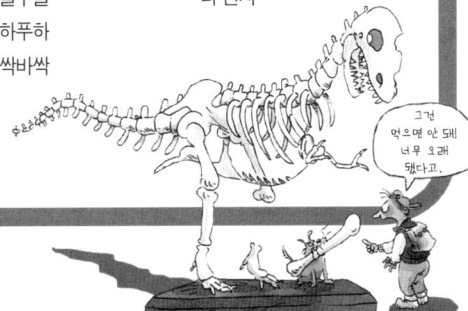

전 세계 2천만 독자가 함께 읽는
<앗, 시리즈>